Das Prinzip

Das Prinzip

Geheimnis zur Erschaffung der gewünschten Realität

Hans-Nietsch-Verlag

Originalausgabe
© 2009 by Hans-Nietsch-Verlag
Alle Rechte vorbehalten

Lektorat: Dagmar Schneider-Damm
Umschlaggestaltung: Andreas Campobasso, Peter Krafft
Grafiken im Innenteil: Andreas Campobasso
Layout und Satz: Roman Bold & Black

Hans-Nietsch-Verlag
Postfach 228
79002 Freiburg

ISBN 078-3-939570-53-0

Inhaltsverzeichnis

Dieses Buch soll Sie daran erinnern,
wie WUNDERvoll Sie sind.

Vorwort

Dieses Buch setzt den klaren Willen zur Weiterentwicklung voraus. Dies ist nichts weniger als eine Einweihung, eine Einweihung in das vollkommene Leben.

Das **Prinzip** nun ist der Schlüssel zu allem, was Sie sich schon immer gewünscht haben. Dieses Ur-**Prinzip** besteht aus den 7 einfachen Gesetzen des Geistes. Wer sie kennt, stößt die letzte Tür zum größten und letzten Geheimnis der Menschheit auf – und somit auch zu grenzenlosem Glück, zu ganzheitlicher Gesundheit und überfließendem Wohlstand, zu vollkommenen Beziehungen, zu erfüllender Liebe, anhaltender Jugend – und zur Übernahme von Verantwortung als Mitschöpfer zum Wohle des Ganzen. Sie halten in der Tat die Antwort auf alles in Ihren Händen.

Sind Sie bereit für eine neue Dimension des Lebensglücks?
Sind Sie auch mutig genug, eine Welt zu erkunden, die Ihr bisheriges Weltbild tief erschüttern könnte?
Haben Sie schon das Undenkbare ausgekostet, die höchsten Wünsche ausgelebt?

Wir leben heute in einer hoch interessanten Zeit. Einer Zeit des Durchbruchs auf Grund der Entdeckung des wahren menschlichen Potenzials. Viele sind nun bereit genug, einen Schritt weiter zu gehen und der Tatsache ihres eigenen Vermögens und den Fähigkeiten, die verborgen schienen, ins Auge zu schauen.

Wir alle haben dabei die Möglichkeit, im *Buch des Lebens* (siehe Glossar) zu blättern, um die Geheimnisse, die auf uns warten, zu erahnen. Doch nur sehr wenige wissen, dass wir auch fähig sind, in das Buch unseres Lebens selbst aktiv hineinzuschreiben, um so die heimlichsten und tiefsten Wünsche und Visionen auszukosten, die wir schon immer versteckt in unserem Herzen getragen haben. Wer sollte diese Wünsche erleben, jetzt!, wenn nicht Sie selbst!?

Was glauben Sie über das Leben? Wer sind Sie? Warum sind Sie hier? Seit Äonen gilt, dass man sich nach innen wenden muss, um Antworten auf diese Fragen zu erhalten. Und was ist das im „Innen"? Was bedeutet: „Was Innen ist, wird Außen"?
Wie kann man alles erreichen – und zwar mühelos?
Wie wird Realität gemacht?
Wie funktioniert das Leben?
Wie erlebe ich vollendetes Glück als Dauerzustand?
Wer bin ich?
Was sind die Antworten auf die letzten Fragen?
Und was ist das Ur-**Prinzip**?!

Meine Aufgabe wird es sein, Ihnen die Antwort in diesem Buch nahezubringen, das Licht, eine kleine Zeit, in Ihrem Geist ein wenig mehr zu erhellen, damit Sie Ihre wahre Freiheit ergründen können.

Sie erwarten Wunder und das zu Recht! Wahre Wunder geschehen dort, wo wir das **Prinzip**, die Gesetze des Lebens, die Gesetze, welche Wünsche real werden lassen, kennen.
Ein Leben voller Wunder ist ein Leben voller erfüllter Wünsche. Sie werden erkennen, dass Sie selbst das Wunder sind!
In diesem Buch begegnen wir einem Geheimnis, einer unvorstellbaren Kraft. Es ist das eine **Prinzip**, welches alles ermöglicht, mit dem alles wahr werden kann und das uns schlicht in unseren kühnsten Träumen aufwachen lässt. Nur und alleine begrenzt durch das Vorstellungsvermögen.

Es gibt ein universelles schöpferisches **Prinzip**, verborgen unter dem Staub der Zeit. Das Wort „Prinzip" stammt aus dem Lateinischen *Principium* und bedeutet „Anfang", „Ursprung" – ein Gesetz, das allen anderen Gesetzen übergeordnet ist!
Dieses eine **Prinzip** ist der Startknopf für den Countdown, der uns in unser ersehntes und wahres Leben zu katapultieren vermag.
Das schaffende Genie steckt in jedem von uns – so lautet eine Botschaft des Geheimnisses.

Dieses „Geheimnis", das eigentlich keines ist, war schon immer unter uns, doch wurde es nur von sehr wenigen im Strudel der Zeitgeschichte erkannt. Auch wurde es lange Zeit vehement unterdrückt oder einfach schlicht übersehen. Doch immer wieder trat es, in den verschiedensten Kulturen und Epochen, mit immer neuen Namen an das Tageslicht. Und wieder will es die Zeit, dass es offenbart wird. Eine Zeit in der wir letztlich unser wahres Potenzial erkennen und eine Welt erleben, voller Freiheit, in Frieden und wirklichem Wohlstand.

Unter uns: So funktioniert die Welt.

Es ist faszinierend zu sehen, wie viele Bücher und Artikel in der jüngsten Vergangenheit erschienen sind, die sich dem großen Thema widmen, die Menschheit auf ein höheres Niveau zu setzen.

Ich möchte mit diesem Buch einen Teil dazu beitragen, um von den ersten Quellen her (den uralten Smaragdtafeln bis weit über die Quantenphysik) eine andere Sichtweise zu beleuchten, welche uns diesem hohen Ziel näher zu bringen vermag.

Diese Botschaft ist für Sie! – damit das Echte aus Ihnen heraus bricht und Sie eine längst vergessene natürliche Fähigkeit wiederentdecken. Es ist unsere Bestimmung, in einer Dimension zu leben, in der wir Meister des Lebens sind und nicht nur Marionetten irgendwelcher Umstände.

Dieses Buch erzählt Ihnen nicht plump, was Sie tun sollen, es zeigt Ihnen, wer und wie Sie sind und was Sie dadurch imstande sind zu tun.

Diese Botschaft ist ein Liebesbrief an des Menschen wahrhaftigen Kern. Ich möchte Ihren Blick auf das Wundervolle lenken, Sie daran erinnern wie WUNDERvoll Sie sind!
Wenn Sie möchten, werde ich Ihnen zeigen, wie Sie das sein können, was Sie in Wirklichkeit tief in sich spüren können und auch tatsächlich sind.

Diese (umgesetzte) Botschaft ist völlig einzigartig, denn was Sie hier erfahren, verlieren Sie nie wieder, es wird zu Ihrem ganz persönlichen Schatz.

Finden Sie heraus, was Sie wirklich wünschen, lernen Sie die Regeln dazu kennen, wenden Sie sie an!

Willkommen in der Welt des Unmöglichen!

Wenn wir hinter die Kulissen der Welt schauen, sehen wir leider kaum Menschen, die sich selbst verwirklichen und rundum glücklich sind. Die meisten werden gelebt, fristen fremdbestimmt ihr Leben, ohne Perspektive. Ohne eine echte Berufung, arbeiten stattdessen in „Berufen", welche ihnen keine Freude bereiten, sind rastlos, gehetzt, im Stress, haben keine Zeit, oft zu wenig Geld und ersticken verzweifelt ihre nagenden Sehnsüchte mit oberflächlichen Dingen, die kein wirkliches Glück schenken.

Das Leben ist komplizierter geworden, aber nicht besser. Doch wie kam es dazu?

Denn würde positives Denken und dessen vielfältigen Weiterentwicklungen dauerhaft eine Veränderung bewirken, hätten wir heute, logischerweise, paradiesische Zeiten. Da dem aber nicht so ist, liegt die Vermutung nahe, dass wir etwas übersehen haben. Etwas wie die Naturgesetze des Lebens, mittels denen wir erst zur vollen Blüte gelangen können. Offensichtlich scheint eine wichtige Zutat zu fehlen, ein Geheimnis, welches der Schlüssel zum Herzen des Universums ist.

Tatsache ist, dass wir alle über ungeahnte Fähigkeiten verfügen, welche unentdeckt in uns schlummern. Das **Prinzip** nun ist der Schlüssel dazu.

Wunder sind deshalb nicht nur möglich, sondern unausweichlich, denn die geheimen Gesetze des **Prinzips** gründen auf eine logisch nachvollziehbare wissenschaftliche Wahrheit der ewigen und unsichtbaren Naturgesetze. Diese sind genauso präzise wirksam wie die Gravitation. Sobald man diese Gesetzmäßigkeiten ergriffen hat, kann man diese dazu nutzen, um die <u>Realität</u> den eigenen Vorstellungen anzugleichen.

Das berühmte Gesetz der Anziehung ist dabei aber nur eines und nur eine Folge der hermetischen Gesetze. Doch das **Prinzip** nutzt alle sieben! Und so geht es weit darüber hinaus. Es ist das Geheimnis des Seins in der absoluten Existenz. Wer nur eines dieser Gesetze kennt und ausprobiert hat, weiß, dass es recht zuverlässig funktionieren kann. Ein einzelnes Gesetz mag uns magnetisch machen, für das, was wir wollen, aber leider meist nur für eine gewisse Zeit. Denn nur das übergeordnete, verborgene **Prinzip**, dem es bruchstückhaft entliehen wurde, macht uns selbst zu einem vollkommenen <u>Dauer</u>magneten. Nur so können wir jederzeit von innen heraus nahtlos die gewünschte Realität erschaffen. Und zwar für immer, fast automatisch und nicht nur solange wir eben gerade nur begeistert sind!

Alles, was wir bisher zu wissen meinten – im **Prinzip** geht es weiter!

Das **Prinzip** ist das geheimnisumwitterte Arkanum (wörtlich *„das in der Lade Verschlossene"*). Es ist das von alters her gesuchte Geheimnis des Lebens im Gewand der Zeit. Das **Prinzip** ist die Quintessenz der ewigen Gesetze des Lebens, offenbart durch uralte, bisher geheime Schriften. Es geht darin um das älteste Wissen der Menschheit, um unsere wahre Freiheit und um unsere Mitschöpfermacht.

Das Geheimnis selbst ist ein uralter Weg, den nur sehr wenige kennen und den noch weit weniger betreten. Und die, welche den Pfad kannten oder heute noch kennen, ihn in der Regel niemand anderem zeigen. Nur so blieb dieses Geheimnis bis heute gut gehütet. Denn die letzte Antwort kann nicht mittels Worten alleine weitergegeben werden, jeder muss sie selbst erfahren. Es ist ein praktischer Weg der Erfahrungen.

Aber den Weg zu beschildern, kann eine ehrenvolle Aufgabe sein, die ich hiermit gerne ergreife.

Sie sind bereit für das Abenteuer? Dieses Buch und die Übungen in Teil 3 öffnen das Tor zu einer faszinierenden Welt der schöpferischen Möglichkeiten, welche die Kraft zur persönlichen und kollektiven Transformation entfesseln.

Dieses Buch ist eine Wegbeschreibung in das Mysterium des Lebens. Es ist eine Karte zur persönlichen Erleuchtung.

Es gibt nun mehrere Wege ins Mysterium, welche sich in diesem Buch als Essenz an einem bestimmten Schnittpunkt kreuzen. An dieser einen Stelle haben wir den Zugang zum Schlüssel.

Diese Wege sind im Folgenden:
- Die vorbereitende Erkenntnisgrundlage
- Die Erkenntnis des Geheimnisses in der Vergangenheit
- Die Schaffung einer bestimmten Bewusstseinsfrequenz
- Die Erweckung und Vereinigung der schlafenden Potentiale unseres Gehirns
- Die Kenntnis des einen Schlüssels
- Die Verinnerlichung desselben durch Übung
- Die unmittelbare Anwendung des Schlüssels

Wir sind somit im Begriff eine wundersame Welt zu betreten, in der wir in anderen, weiteren Dimensionen unserem Denken ein Zuhause geben. Es geht um eine Einweihung in ein sehr altes und zugleich sehr handfestes Wissen. Ein Wissen, das zuvor nur sehr wenigen Suchende sich zu Eigen machen konnten.

In fast allen Kulturen der Welt wurde es dabei mit unzähligen verschiedenen Namen bedacht, meist war es nur den wirklich Eingeweihten zugänglich, oft durch undurchsichtige Mystik verschleiert, um die „Unwürdigen" auszusieben.
Nun stehen wir am Beginn einer Zeit, in welche der Schleier des geheimnisvollen **Prinzips** endlich gelüftet wird und wieder sein muss, was einst war.

Heute haben wir dazu umfassenden Zugang durch die Erklärungen der modernen Wissenschaft, der Quantenphysik und der Bewusstseinsforschung und heben so den Schleier, der auf dem Angesicht des einen **Prinzips** liegt. Jeder soll es sehen!
Manche werden es bis in die tiefsten Tiefen erkennen, andere werden ihre ersehnte Freiheit darin sehen und die Glücklichsten unter ihnen werden für immer einem persönlichen Paradies verfallen sein.

Bereiten Sie sich auf massive Veränderungen Ihres Lebens vor. Denn diese Botschaft könnte Ihre bisherigen Denkstrukturen zu Boden stürzen, Ihr gewohntes Weltbild bis in die Grundfesten erschüttern. Und genau das ist meine ehrliche und volle Absicht! Wissen Sie, es gibt einen Weg zu einem vollkommenen und glücklichen Leben, aber auf dem Weg zur Freiheit muss man manchmal eine begrenzende Mauer niederreißen.
Es gibt mehr!!

Wir alle weben unser Leben mittels einer Kraft, doch ohne es tatsächlich bewusst zu erkennen. Denn fatalerweise tun wir das in der Regel nur völlig unkontrolliert, komplett unbewusst und ohne im entferntesten die Ur-Regeln des Lebens zu kennen, so dass wir oftmals das bekommen, was wir eigentlich gar nicht wollen und es unwissend dem „Zufall" zuschreiben. Dabei sind wir ohne Unterlass von diesen Gesetzen umgeben, nach denen das ganze Universum pulsiert und dass wir diese nicht nutzen, mag daran liegen, dass wir sie wie selbstverständlich übersehen. Wir kennen und erkennen oft das Wirken des **Prinzips** nicht, weil es sich hinter dem Schleier des „Zufalls" verbirgt und nur der wache Geist es erblickt.
Der Zufall ist nur das Versteckspiel der Lebensspielregeln.

Nur durch den Zufall erscheint uns das Wechselspiel des Lebens ein Bild von abwechselnd Gut und Böse zu malen, ohne sichtlichen Einfluss unsererseits darauf. Die Illusion des Schicksals. Und doch, es steht immer ein Wirkprinzip dahinter, welches unter anderem besagt, dass alles, was wir aussenden, auch zu uns zurückkehrt.

Das **Prinzip** interessiert sich dabei nicht dafür, ob es etwas „Gutes" oder etwas „Schlechtes" bringen soll, es bringt es einfach nur.

Mit dem Erkennen und Anwenden des **Prinzips** werden Sie zum Regisseur Ihres eigenen Lebens, anstatt nur ein Schauspieler in einem fremden Film zu sein.

Das Geheimnis, in seiner Ursprünglichkeit angewandt, verwandelt zu Ihrem Wohl und zum Wohle des Ganzen Armut in Reichtum, Krankheit in Gesundheit, Schwermut in Lebensfreude, Versagen in Glück, Angst in Liebe!

Sobald Sie den Schlüssel in Ihren Händen halten, werden Sie begierig sein, es in Ihrem Leben sofort auszuprobieren.

Dazu dient das 7-Wochen-Übungsprogramm in Teil 3, die Übungs-CD und die überaus wirksamen Techniken, welche das Wissen über unsere schöpferische Macht alltagstauglich machen.

Teil I

Grundlagen und Hintergründe

Dieses Buch besteht aus drei Teilen. Der erste Teil vermittelt die nötigen Hintergründe und Fakten für den hungrigen Verstand. Der zweite Teil ist der Entschleierung des Geheimnisses selbst gewidmet. Der dritte Teil fügt alles durch Techniken und die praktischen Anwendungen wieder zusammen.

Das Ziel: die praktische Umsetzung im täglichen Leben.

Bei der Offenbarung der Lebensregeln handelt es sich um altes verborgenes Wissen, neu zur Blüte gebracht durch die heutige Terminologie und Sprache, entmystifiziert durch ein Nahebringen in zeitgemäßer Form. Vieles, was in diesem Buch steht, erfasst man daher am besten, wenn man quasi mit dem Herzen denkt und mit dem Verstand fühlt.

Die folgenden Kapitel beleuchten deshalb zuerst die „Realität" und den Hintergrund dessen, was uns als Wirklichkeit erscheint. Dies schafft eine feste Grundlage und erlaubt dadurch einen Zugang zur Offenbarung des eigentlichen Geheimnisses – das **Prinzip** aller Dinge und das Tor zum bleibenden Glück.

Grundsätzliches

Nichts ist unmöglich

„Alles, von dem sich der Mensch eine Vorstellung machen kann, ist machbar."

Wernher von Braun

Jeder von uns hat Träume, unterdrückte oder offenbare, aber jeder hat sie. Träume sind wichtig. Ein Leben ohne das reelle Wissen, Realität erschaffen und seine Träume erfüllen zu können, ist dem Menschen eigentlich unwürdig. Tatsache ist: Alles was wir uns erträumen und vorstellen können, ist realisierbar. Es gibt nicht Eines, was unmöglich wäre. Das Einzige, was nicht möglich ist, ist das Unmögliche!

Wir alle haben Bedürfnisse und dieselben haben wir nicht ohne Grund. Werden Bedürfnisse nicht richtig verstanden oder einfach unterdrückt, so kann dies zu recht seltsamen Ersatzbefriedigungen führen. Unsere natürlichen Bedürfnisse können aber nur auf natürliche Art gestillt werden. Denn sie sind die Sprache unserer sehnenden Seele nach einem erfüllten Leben, welche sich Ausdruck verleiht mittels unserer Tagträume und Wünsche. Sie bedient sich dabei einer Sprache, die man richtig verstehen sollte. Wir haben Wünsche und Träume aus demselben guten Grund, wie wir das Hungergefühl haben, welches uns daran erinnert zu essen.

Freude, Liebe, Frieden und Wohlstand sind das, wessen wir bedürfen. Es ist unsere Bestimmung, die verschiedenen Formen des Glücks zu erfahren. Wichtig ist, dass wir unsere Bedürfnisse kennen und ernst nehmen. Solange wir, aus welchem Grund auch immer, einen echten Wunsch verleugnen, so lange verleugnen wir auch unser wahres Selbst. Wünsche sind einfach ein Ausdruck unserer wahren Person. Die Erfüllung ist ein Weg, zu der Person zurück zu finden, die wir wirklich sind.

Leider wurde uns aber manchmal vermittelt, Träume nicht zu ernst zu nehmen und Wünsche zu verleugnen. Träume gelten ja in unserer Welt oft als belanglose Fiktion und Wünsche als egoistisch. Es ist aber das genaue Gegenteil. Denn richtig verstanden sind sie Geschenke, die einen wichtigen Zweck erfüllen. Doch viele erkennen ihre Träume erst dann, wenn sie diese nicht gelebt haben.

„Wer das Wirkliche seiner Träume aufgibt,
der löscht die Sonne aus,
um mit einer Laterne weiterzuwandeln."

Christian Morgenstern

Die Psychologie sieht Ärger, Wut und Stress eigentlich nur als eine Folge von unerfüllten Wünschen und Bedürfnissen an.

Vielleicht will uns das Leben damit etwas sagen?
Denn die Frucht aus unterdrückten Bedürfnissen kann niemals gut sein.

Träume sollte man bedacht zulassen, denn sie spiegeln unsere Bestimmung wieder. Durch das Annehmen und Ausleben unserer Träume erfahren wir Freude und die Verwirklichung des wahren glückerfüllten SELBST. Wut, Ärger und Stress haben somit keinen Platz mehr in unserem Leben.
Es ist eine Kunst des Lebens, unser träumendes Selbst ernst genug zu nehmen und ein offenes Ohr für die leise Stimme in uns zu haben,

um unser Lebensziel mit einem Lächeln auf den Lippen zu durchlaufen.

Und so hilft uns bewusstes Träumen, unsere Wünsche als Erinnerung an unser innerstes Verlangen zu erkennen.

Unsere Wünsche und deren Erfüllung wollen uns zu größerem Glück und nicht zu einer Abhängigkeit an niedere Dinge führen. Am Anfang mögen es zwar zunächst ausschließlich materielle Dinge sein. Dann aber sucht man nach der tieferen Essenz und genau deswegen haben Wünsche eine sehr wichtige Funktion. Letztlich machen sie uns reicher an Erfahrungen.

Es ist wie das Lesen in einem Katalog. Den ersten Katalog im Leben liest man gierig und man streicht an, was man alles haben will, und man will fast alles! Jahre später blättert man in Katalogen nur um zu sehen, was man alles nicht braucht!
Es mag ein Zeichen von Reife sein, wenn sich mit der Zeit der Fokus verlagert.

Wahrer Reichtum ist
unabhängigkeit von Materie.

Wir sind gerade deshalb hier, um uns Dinge zu erfüllen, um danach wieder unabhängig und frei davon zu sein und um danach weitere, völlig neue Dimensionen der Erfüllung erkunden zu können.

„Wissenschaftliches Träumen", welches sich der Lebensregeln bedient, hilft uns zu der eigenen Individualität zurückzukehren und so das Blitzgewitter all der Möglichkeiten eines freien Geistes und eines zufriedenen Herzens in seiner Bestimmung zu genießen. So führt uns diese Art zu träumen sicher zu dem, was wir wirklich suchen: nämlich zu unserem wahren SELBST, jenseits des Egos.
Und mit „SELBST" meine ich nicht das, was man heute oft unter „Selbst" versteht. Egal, was Sie darüber zu wissen meinen, es ist weitaus herrlicher!

Warum sollten wir nicht verrückt genug sein, dem inneren Ruf zu folgen, denn wenn wir unsere innigsten Träume erfüllen, verwirklichen wir uns dabei doch nur SELBST – und genau darum geht es! Träumen ist wahrhaftig die süßeste Form des Heimwehs auf unserem Weg nach Hause. Es ist ein Aufflackern unserer „Sucht" nach Leben und wenn es richtig kultiviert wird, ist es ein wundervolles Werkzeug zur Erfüllung unserer wahren Bestimmung: für immer im Glück zu sein.

Warum sehnen wir uns nach Glück und nicht danach, „einen Kaktus zu umarmen"?
Doch wohl deshalb, weil Glück unsere wahre Natur und unser Zuhause ist, nicht Leid und Schmerz. Das sind nur Wegweiser.
Sie kennen den Weg, haben ihn aber vielleicht nur vergessen ...

Letztlich ist alles möglich, was Sie sich erträumen können und wonach Ihnen verlangt. Sie müssen nur bereit sein, alte abgetragene Gewohnheitsmuster gegen neue, besser funktionierende einzutauschen.

Schließlich halten Sie dieses Buch nicht aus Zufall in Ihren Händen oder einem anderen Grund, sondern weil Sie es so wollten.

Sie suchen nach dem bestimmten Etwas, das wir alle irgendwann suchen oder einst suchten. Ich kann Ihnen versprechen: Sie werden dieses eine ETWAS finden, wenn Sie offenen Geistes sind und in sich selbst hineinhören.

Richtig, es ist nicht irgendwo da draußen ...
... es ist Ihnen näher als geahnt.

Die Gesetzmäßigkeit der Wunder

„Wunder stehen nicht im Widerspruch zur Natur,
sondern nur im Widerspruch
zu unserem Wissen von der Natur."

Augustinus

Wunder sind Geschehnisse, ohne einen für den uneingeweihten Beobachter rational nachvollziehbaren Grund. Solange man die Geheimnisse dahinter nicht kennt, solange kann man ein Wunder nicht befriedigend erklären. Schließlich ist es nur deshalb unerklärlich, weil da etwas passiert, was scheinbar keine sichtbare Ursache in sich hat. Doch auch „Wunder" unterliegen einer eigenen regulären Gesetzmäßigkeit als Ursache. Wer nun die Regeln des Mysteriums versteht, weiß wie die Dinge funktionieren und kann selbst erwünschte Dinge manifest werden lassen.

Wie steht es denn mit dem Wunder der Gravitation, oder das des Magnetismus, der Kernkraft und der Elektrizität? Wir wissen eigentlich nicht wirklich, wie sie funktionieren und woher sie kommen, Dennoch benutzen wir alle tagtäglich auch das rätselhafte Wunder des elektrischen Stroms und des künstlichen Lichts.
Diese Rätselhaftigkeit hindert uns aber nicht daran, den Toaster zu benutzen und des Abends mit elektrischem Licht per Tastendruck unser Haus zu erhellen, um vielleicht dieses Buch zu lesen.

Heute wäre ein Leben ohne elektrischen Strom nicht vorstellbar. Elektrizität gab es jedoch schon immer, auch in der Steinzeit. Doch nur allein durch das Wissen um die Gesetze zur Handhabung dieser Kraft wurde sie nutzbar gemacht.

Genauso ist es auch mit dem Gesetz des Lebens. Es war schon immer da und wirksam. Aber erst durch das Verständnis dafür und deren bewusste Anwendung wird auch diese allumfassende Kraft diese Welt für immer verändern. Elektrizität vermag ein Haus zu beleuchten, das **Prinzip** mag die ganze Welt erleuchten!

Jedes Wunder unterliegt somit einer zunächst geheimnisvollen Gesetzmäßigkeit. Kennt man aber die Gesetze und wendet man sie an, kann man die Wirkung jederzeit erneut, wieder und wieder bewusst und kontrolliert hervorrufen! Was nichts anderes bedeutet, als dass wir mit diesem Werkzeug fähig sind, bisher noch Undenkbares und Ungeträumtes Wirklichkeit werden zu lassen.

Das **Prinzip** besteht aus insgesamt 7 geistigen Gesetzen, die ein umfassendes Ganzes bilden:

Das Gesetz der Mentalität

Das Gesetz der Kausalität

Das Gesetz der Analogie

Das Gesetz der Resonanz

Das Gesetz der Harmonie

Das Gesetz des Rhythmus

Das Gesetz der Polarität

Im vollkommenen Zusammenspiel schaffen diese Gesetze das, was wir heute oft als Anziehung und die Erschaffung der Realität bezeichnen. Im Einklang mit der übergeordneten Weisheit des **Prinzips** beachtet man ganz automatisch und vollkommen alle diese 7 Gesetze. Das „Befolgen" des **Prinzips** insgesamt ist viel leichter „einzuhalten" als nur ein einzelnes der 7 geistigen Gesetze für sich. Wenn Sie erst einmal das Mysterium in seiner Tiefe ergründet haben, erfüllt sich das darin verborgene Geschenk wahrhaftig von selbst, und zwar auf Dauer.

Das **Prinzip** wartet darauf, von uns in vollem Umfang genutzt zu werden, um mehr Licht in unser aller Dasein zu bringen, damit wir als

Menschheit in der Lage sind, das letzte Siegel des großen Geheimnisses aller Dinge zu brechen.

*Wunder sind ein Ausdruck
des erwachten Bewusstseins.*

Jeder von uns spürt von Zeit zu Zeit den Ruf in sich, dass das, was bisher war, nicht alles sein kann. Heute ist der Tag, an dem wir diesem Ruf Folge leisten können, um uns aus dem selbst gemachten Käfig der Begrenzungen zu befreien, um die Tiefen des Erreichbaren zu erleben. Nicht irgendwann, sondern jetzt!

Unsere Phantasie wusste noch, als wir Kinder waren, dass alle Wunder möglich sind. Nur die Jahre haben uns stumpf werden lassen für die grenzenlosen Möglichkeiten. So weit, dass wir oft unser wahres Potenzial nicht mehr wahrnehmen konnten. Kinder sind meistens noch so schön unverfälscht und leben in einer kleinen empfindlichen Traumblase. Mit dem Erwachsenwerden schrumpft die Blase immer weiter zusammen, bis dann irgendwann nichts mehr übrig ist, außer zertretenen Scherben aus jahrelang unterdrückten Wünschen, welche eigentlich nur unsere tiefere Bestimmung spiegelten. Anstatt dass man mit zunehmender Reife lernte, durch wahre Logik und reinen Verstand dieselben Träume Wirklichkeit werden zu lassen und so die Welt mit etwas wirklich Einzigartigem zu bereichern.

Was für eine wundersame Welt wäre es, in der jeder genau der Berufung folgen würde, die er in seinem lichten Wesenskern spürte? Eine Welt voller Helden und Übermenschen, in vollkommener Schönheit und ohne jede Arglist, ohne Grund für irgendeine Form von aus Angst geborener Selbstentfremdung. Jeder würde das tun, was er am besten kann und nicht nur irgendeinen Job ...
Wüssten wir also von unserer wahren schöpferischen Macht, könnte uns nichts mehr halten!

„Wer nicht an Wunder glaubt,
ist kein Realist."

„Böses" hat seine Wurzeln immer in der Angst. Wozu sollte es Böses im Herzen geben, wenn jeder haben kann, wessen er im Kern wirklich bedarf? Was sollte man denn anderes wollen als das Schönste, während neidlos von allem mehr als genug zu Verfügung für jeden Einzelnen stehen würde? Was wäre, wenn Wunder tatsächlich mit einer gewissen Leichtigkeit geschehen und wir alles tun und sein könnten? Warum sollten wir das nicht erleben wollen? Was sollte uns daran hindern, unser persönliches Paradies zu erschaffen?

Wir alle sind unseres Glückes Schmied,
doch das viele Murren
lässt das Eisen kalt werden.

Solange aber die Erkenntnis fehlt, dass jeder Mensch WUNDERvoll ist und Wunder vollbringen kann, geschieht keine Transformation. Die entscheidende Wende bringt das Geheimnis: Das Erkennen und Anwenden des **Prinzips** bedeutet den Abschied von alten, begrenzenden Mustern und den Aufbruch zu Veränderungen, die Glück bewirken.

Tatsache ist:
• Alles ist möglich.
• Jedes Wunder folgt einer Gesetzmäßigkeit.
• Diese Gesetze sind schöpferisch.
• Das Schöpferische ist nur begrenzt durch das persönliche Vorstellungsvermögen
• Das Vorstellungsvermögen ist nur begrenzt durch den jeweiligen Bewusstseinshorizont.

- Man kann nur dann bewusst Wunder erschaffen, wenn man die nötigen „Wunderregeln" kennt.
- Sobald man die „Regeln" des **Prinzips** bewusst kennt, kann man dieselben sofort anwenden.

Zuerst sollten wir uns daran erinnern, dass wirklich alles möglich ist und dass die Beschränkungen nur angelernte Überzeugungen seltsamen Ursprungs sind. Es gibt nichts, was es nicht gibt. Logischerweise muss aus diesem Grund alles möglich sein, da ja auch alles irgendwann möglich werden musste, was jetzt ist.

> *„Alles, was der Mensch ist,*
> *entsteht aus seiner Weisheit*
> *und alles, was er sein wird,*
> *verursacht er selbst."*

> *Smaragdtafel XI*

Wir müssen nur verstehen, wie einfach es eigentlich ist und wie es gerade deswegen funktioniert. Es ist nicht kompliziert.

Die Leichtigkeit des Seins

Die Außenwelt ist der Spiegel des Inneren!

Eine wichtige Zutat für ein erfülltes Leben ist Leichtmut. Sie ist einfach das beste Mittel gegen Schwere.
Die Leichtigkeit des Seins ist ein untrennbarer Teil des großen Geheimnisses. – Eine Scherbe, ein Segment in dem Buntglasfenster der Kathedrale des erfüllten Lebens. Der Atem des **Prinzips** ist eine entspannte Leichtigkeit, deren Frucht eine Art der souveränen

Form der Heiterkeit ist. Souverän im Sinne von über den Dingen stehend.

So wie ein Spieler, der weiß, dass er souverän jedes Spiel gewinnt, wann immer er nur will. Wie ein stiller Beobachter, der die Abläufe der Geschehnisse im Zeichen der Erkenntnis der wahren Natur der Dinge und des Selbst erlebt. Frei von Furcht, kühn und in Freiheit von jedem Zwang.

Das Leben ist in Wirklichkeit leicht. Schwere und Mühe resultieren ausschließlich aus der Unwissenheit gegenüber den Lebensregeln. Lassen Sie die Vorstellung los, dass das Leben schwer sein müsste oder Glück nur mit großer Anstrengung zu erreichen sei.

Was sollte man schon schwer nehmen können im Lichte der Wahrheit? Der Wahrheit, dass wir eigentlich frei sind von jeder eingebildeten Begrenzung! Die Begrenzung besteht nur in unserem Denken, in einer begrenzten Sichtweise und nicht mehr!

Es gleicht einer Art „Gehirnverschmutzung" durch den Unrat von künstlichen Überzeugungen und der Verlorenheit in einer kalten materiellen Welt, der zwanghaften Gleichgültigkeit gegenüber dem „Schicksal" behafteten Lebenswahn.
Die Leichtigkeit des Seins, im Angesicht der letzten Wahrheit befreit den Geist davon, so dass man den Sonnenaufgang aller Möglichkeiten endlich wolkenfrei genießen kann.

> *„Wir sind, was wir denken. Alles, was wir sind,*
> *entsteht mit unseren Gedanken.*
> *Mit unseren Gedanken machen wir die Welt."*

Siddharta Gautama

Leichtigkeit und Humor stellen einfach eine bedeutend objektivere Sichtweise der Realität dar. Dazu mag es notwendig sein, sich der begrenzten Mittel einer begrenzten und bedrückenden Weltsicht zu entledigen. Ein befreiter und erweiterter Geist (Bewusstsein) ist der Boden, auf dem das letzte Geheimnis die süßesten Früchte trägt.

Aber es sei erwähnt, dass es ironischerweise etwas innere Arbeit kosten kann, um wieder in diese Einfachheit zurückzufinden. Denn wenn man davon überzeugt ist, dass etwas schwer gehen muss, dann wird es auch nur schwer gehen können. Aber alles geschieht ohne große Mühe, wenn es gesetzmäßig im Einklang mit dem **Prinzip** geschieht.

Durch das Hineinschlüpfen in die Wirkmechanismen des **Prinzips** werden Sie einfach immer zur rechten Zeit an dem rechten Ort sein, welcher das höchste Potenzial für Sie bereithält.

Sicher haben Sie sich auch schon einmal gefragt, wie es sein kann, dass manche Menschen alles zu haben scheinen, erfolgreich sind und einfach alles, was möglich ist, irgendwie geheimnisvoll und mühelos erreichen. Auf der anderen Seite stehen wiederum die, welche sich mit Fleiß und Verbissenheit abkämpfen, es aber zu scheinbar rein gar nichts bringen können. Warum eigentlich?

Worin besteht der tatsächliche Unterschied zwischen der Fähigkeit, ein Leben voller Glück zu leben, und anderseits der augenscheinlichen Machtlosigkeit gegenüber dem Schicksal? Was unterscheidet sich bei diesen Personen? Muskeln? Intelligenz? Glaube?

Sicher nicht!

Die Frage ist: Wie kann man alles erreichen, mühelos?!

Die Antwort ist: Wie gut kennen wir die Regeln des Lebens!

Das Leben funktioniert eigentlich sehr einfach. Das wirklich Großartige ist immer leicht und frei von Schwere.

Denn seltsamerweise haben gerade die Personen mit dem „größten Glauben" und der „besten Technik" oft kein Geld, keinen Frieden, keine Freude, nichts von dem, was sie eigentlich anstreben. Egal wie viele gute Bücher man schon gelesen hat: Was mit Krampf beginnt, wird auch immer wieder im Krampf enden müssen (auch ein Gesetz, funktioniert aber auch andersherum). Das letzte Geheimnis beinhaltet Erfolg und Leichtigkeit. Anstrengung hat darin keinen Platz!

Die schöpferische Kraft ist immer abseits aller Anstrengung und setzt sich in erster Linie aus bewusster Kontrolle über die eigenen Gedanken, aus dem entsprechenden (noch geheimen) Wissen und – ganz wichtig – aus innerer Ruhe zusammen. Sicher, es ist für uns ungewohnt zu hören, dass man nicht schwitzen muss, um etwas zu erreichen. Aber es ist die einzige Möglichkeit, das Unfassbare zu erleben.

Tue weniger, erreiche mehr!

Vieles, was wir als normal ansehen, ist in Abwesenheit jeder Anstrengung ein wahres Wunder. Das Kind, das sich im Mutterleib bildet, der Wechsel der Jahreszeiten, ein Regenbogen: Alles das geht von alleine, wie von selbst. Das ist der Weg der Schöpfung und auch unserer schöpferischen Kraft!

Oder haben Sie schon einmal einen Baum beobachtet, der stöhnend und ächzend wächst, während durch die drucklose Kapillarwirkung per Sog das nährstoffreiche Wasser bis in das letzte Blatt der Baumkrone – entgegen der Erdanziehungskraft – befördert wird? Wie ohne Anstrengung in den Blättern ganz geheimnisvoll Kohlendioxid über die Photosynthese in Sauerstoff umgewandelt wird? Oder bedenken Sie das Wunder unseres Körpers, in dem jede Sekunde Millionen Vorgänge ablaufen?
In der Natur gibt es eben ein heraus stechendes Merkmal: Die Leichtigkeit, mit der alles so wunderbar reibungslos funktioniert.

Ganz im Gegensatz zum „normalen" modernen menschlichen Dasein, wo nichts ohne Schweiß und Krampf „gedeiht". Jeder „Erfolg" will mit spitzen Ellenbogen und Kampf errungen werden, um am Schluss meis-

tens erkennen zu müssen, dass wir dafür einen zu hohen Preis bezahlt haben und oft genug nicht viel bleibt.
Was bringen Geld und Reichtum, wenn man nicht auch glücklich ist?

„Es ist nicht schwer, Menschen zu finden,
die mit 60 Jahren zehnmal so reich sind,
als sie es mit 20 waren.
Aber nicht einer von ihnen behauptet,
er sei zehnmal so glücklich."

Georg Bernard Shaw

Die wirklich Erfolgreichen kämpfen nicht so, sie erhalten aber dennoch alles. Wie ist das möglich? Weil sie – bewusst oder unbewusst – bestimmte Regeln des Erfolgs befolgen. Die Einweihung in das Mysterium des **Prinzips** ist das Geheimnis aller erfolgreichen Menschen der Geschichte.

Egal ob Mahatma Gandhi, Platon, Leonardo da Vinci, Galileo Galilei, Paracelsus, Sir Isaac Newton, Albert Einstein, Thomas Alva Edison, Martin Luther King, Nicola Tesla, Johann Wolfgang von Goethe, Siddharta Gautama, Viktor Schauberger oder Henry Ford – sie alle sind Beispiele für die erfolgreiche Anwendung des Lebensgesetzes. Menschen aus Fleisch und Blut, so wie Sie und ich ...

Schauen Sie mein Leben an, bevor ich mich auf den Weg gemacht habe:
Ich war ein furchtbar unruhiger Schüler, denn die Schulzeit empfand ich als äußerst langweilig. Meine Lehrer waren sehr erleichtert, als ich die Schule abgeschlossen hatte, die erste Lehre brach ich bald resigniert ab, um dann doch Mechaniker zu werden. Ich stank nach Diesel und hatte schwarze Hände vor Dreck. Ich war der (etwas rebellische) „Putzlappen" der Werkstatt. Für mich interessierte sich damals keine Frau, die noch einen Funken Verstand besaß.
Das Leben damals machte nicht wirklich Spaß ...

Darum entschloss auch ich mich, das Mysterium zu ergründen. Und das Resultat ist, dass ich heute in einer fantastischen Umgebung lebe, mit einer wunderhübschen, seelenverwandten Frau an meiner Seite, und schlicht die beste Arbeit der Welt habe, welche mich vollkommen ausfüllt und sehr, sehr glücklich macht.

Und ich kann nur sagen: Es ist wundervoll, seiner Berufung zu folgen und dabei den Mitmenschen den Duft der wirklichen Möglichkeiten eines erfüllten Lebens in die Nase fächeln zu dürfen. Derjenige, der sagt, man könnte nicht alles haben, ist einfach nicht auf dem Laufenden. Man kann!

Kurz: Ich lebe meinen Traum.
Und warum lebe ich meinen Traum?
Weil ich die Regeln des Lebens nicht nur kennen darf, sondern außerdem verrückt genug bin, sie auch noch anzuwenden!

Eins steht fest: Es liegt klar im Bereich unserer Möglichkeit, unsere zukünftige Geschichte nach Wunsch umzuschreiben und unsere Sterne neu zu ordnen.

Zusammenfassung von „Grundsätzliches":

- *Unmöglich gibt es nicht. Träume sind Realität im Werden.*
- *Das Wunder der bewussten Erschaffung unserer Realität folgt ganz bestimmten festen Regeln.*
- *Leichtigkeit und Humor sind eine objektivere Sichtweise der Realität.*
- *Anstrengung ist nur ein Nichterkennen der Erfolgsregeln.*

2 Verborgen und doch offenbar

Das Prinzip im Gewand der Natur

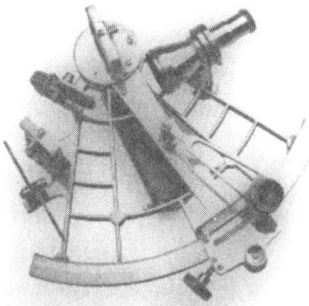

Das Außen ist ein Abglanz des inneren Universums.

Wie entsteht Realität, welche Mechanik steckt dahinter und kann uns die Natur Hinweise darauf geben? Denn wir müssen wissen, dass es kein Naturgesetz und kein Erscheinendes gibt, welches nicht auf einem Widerhall der Gesetze des Geistes beruht. Und tatsächlich, wir können es in der Natur sehen, überall, und überall funktioniert es in seiner mannigfaltigen Leichtigkeit. Im Großen wie im Kleinen, vom Wasserwirbel bis zur Milchstraße und den Galaxien, in den Atomen und Elementarteilchen und sogar in der DNS finden wir das Wirken des einen **Prinzips** versteckt. Es ist die geheimnisumwobene Kraft, die unser gesamtes Universum am Laufen hält, im Kleinsten wie im Größten, auf jeder Ebene.

Im materialistisch geprägten Weltbild unserer westlichen Gesellschaft tut man sich noch schwer mit dem Gedanken, dass es eine potenzielle Ordnungskraft gibt. Denn die Wissenschaft kann diese mit ihren Mitteln weder erklären noch messen oder verstehen. Und doch ist diese Ordnungskraft des einen **Prinzips** in ihrer Wirkung stets überall präsent. Gerade so, wie man den Wind auch nicht sehen kann, aber wir sehen doch, wie er die Bäume bewegt.

Ohne diese übergeordnete, alles durchdringende Kraft ist die Welt letztlich nicht vollständig erklärbar.

In den Kulturen dieser Welt sind die Auswirkungen dieser Kraft unter verschiedenen Namen bekannt: Chi, Ki, Reiki, Od, Ruach, Prana, Vril, Orgon ...

Man könnte diese eine Kraft auch einfach mit Lebenskraft übersetzen. Sie ist eine Folgeerscheinung des Ur-**Prinzips**, eine Informationskraft, welche die Atome zusammenhält und alles Lebendige wachsen lässt, auch den menschlichen Körper. Für Menschen mit sensitiver Veranlagung zeigen sich sogar sichtbare Energiewirbel dieser Lebenskraft im Körper, die sogenannten Chakras *(Sanskrit für „Rad")*.

Alles entsteht aus dieser Kraft, alles besteht durch diese Kraft. Materie ist dabei nichts anderes als ein sichtbarer Ausdruck dieser Kraft.

In unserer Welt der Dualität (siehe Glossar) ist das schattenhafte Gegenstück dazu die sogenannte Entropie (siehe Glossar): Die Entropie steht dabei für Chaos, Anstrengung, Unordnung, Krankheit, leeren Geldbeutel, Ärger und Schweiß. Dies kann nur endgültig durch die Kraft der Ordnung des **Prinzips** dauerhaft überwunden werden. Die Natur ist erfüllt von Beispielen, welche die wahren Lebensregeln erhellen. Wir können in der Stille, im Mantel der Natur, jederzeit die Wirkungen des **Prinzips** erkennen:

Warum hat zum Beispiel ein Tornado, ohne dass es die heutige Wissenschaft befriedigend erklären kann, dermaßen viel Kraft? Wie kann ein Lachs Wasserfälle aufwärts springen? Denn es ist rechnerisch nicht möglich: Die Flossen sind zu klein, die Muskelkraft zu gering. Dennoch können es diese Tiere.

Nach dem Verständnis der Physik könnten eigentlich auch Hummeln gar nicht fliegen. Die Fläche der Flügel ist im Verhältnis zum Körper nicht groß genug. Aerodynamisch gesehen sind sie völlig flugunfähig. Hier versagt jede Berechnung.

Auch hier sind es die unsichtbaren Naturgesetze, welche dies ermöglichen.

Die ordnende Wirkkraft des **Prinzips** ist um ein Vielfaches größer als das chaotische Entropieprinzip (siehe Glossar), nach dem der Mensch vor sich hin schwitzt. Die Natur würde niemals auf die Idee kommen, Maschinen und Motoren nach der zerstörerischen Druck/Entropie-Mechanik zu bauen, wie es der Mensch tut, sondern sie tut dies nach den schöpfungsgemäßen Gesetzen des **Prinzips**. Man stelle sich nur vor, die Natur würde nach der Krampfmaschinerie der heutigen Zivilisation funktionieren. Die Natur würde ächzend, jammernd und schimpfend vor sich hin wachsen. Aus wäre es mit der Ruhe im Wald!

Dagegen funktioniert alles in der unberührten Natur erfolgreich nach den Ur-Gesetzen des **Prinzips**.

Diese Energie, dieser Mechanismus, ermöglicht es auch uns, mit viel weniger Krafteinsatz bedeutend mehr zu erreichen.

Hier versteckt sich ein wichtiger Schlüssel zur Erschaffung der gewünschten Realität!

Wenn irgendetwas in Ihrem Leben anstrengend ist oder wenig Frucht bringt, dann dürfen Sie wissen, dass es auch anders geht. Sie dürfen und können weniger tun, um dadurch viel mehr zu erreichen.

Sie sind neugierig, wie Sie mit den geistigen Gesetzen des **Prinzips** das Gewünschte erreichen können? Dazu bedarf es weiterer Enträtselungen des Geheimnisses.
Aber zuerst wagen wir einen Sprung zurück in die Vergangenheit.

Das Geheimnis des Prinzips im Altertum

Das, was war, muss wieder sein.

Das Geheimnis war schon immer verborgen unter uns. Denn ohne es wäre nichts so, wie es ist.

Das Geheimnis wurde immer wieder im Laufe der Zeit entdeckt, um uns an das Schattenspiel des Lebens zu erinnern. Es sollte uns plastisch daran erinnern, dass wir das Leben nur dann vollständig meistern, wenn wir die entsprechenden Spielregeln kennen und diese beherrschen.

Ein kleiner Exkurs entführt uns zu den Offenbarungen des Wissens, über das **Prinzip** in den Wellen vergangener Zeiten:

So begann es schon schemenhaft mit den Überlieferungen der ältesten bezeugten Kultur der Menschheit, den Sumerern. Schon hier tauchte die Botschaft auf und leider wurde sie schon damals erfolgreich verschleiert. Das befreiende Geheimnis wurde so effektiv vor der Masse geheim gehalten, dass der normale Mensch nicht viel mehr als ein *Amelu Lulu,* war und das ist sehr sumerisch für *„primitiver Arbeiter".*

Die Offenbarung des Mysteriums fand später seine Fortführung in den Geheimnissen der Ägypter der frühen Dynastien.
Dies geschah durch den Vater der Weisheit: Hermes Trismegistos.
Er galt von der Vorzeit bis zur Spätantike als Autor einer Reihe von Weisheitsbüchern und mystischer Schriften. Er war auch bekannt unter dem Namen Thot, der als Zeugnisgeber uralter Geheimnisse von jeher geschätzt wurde. Es handelte sich dabei um uraltes, verborgenes Wissen der zeitlosen Weisheiten der Vorzeit. Seine Tabula Smaragdina (Lateinisch für „smaragdene Tafel") und das daraus abgeleitete *Kybalion* (siehe Glossar) sind ein wichtiger Teil dieser geheimen Bücher.

Weiter geht es mit *Yehoshua bar Josef*. Wir kennen ihn alle als Jesus von Nazareth. Auch er vermochte die Menschen mittels einer „geheimen" Botschaft aufzuwecken und den Weg zur Erlösung zu zeigen. Seine Aussagen ähneln oft sehr deutlich den Inhalten mancher alten Schriften. Auch von seinem Wissen soll später noch die Rede sein, dabei werden zum Teil bewusst außerbiblische Quellen herangezogen, zum Beispiel das wundervolle mystische Thomasevangelium, das gespickt ist mit den Gleichnissen über die Gesetze des Lebens.

Derselben Spur folgten über die Jahrtausende hinweg die alten Lehren der indischen Rischis, der Veden und Upanishaden. Große Übereinstimmung damit haben auch die 7 Weisheitsgesetze der hawaiianischen Huna mit ihrer Darlegung der Gesetzmäßigkeiten des Lebens.

Danach erlebte die Welt eine Phase, in der das Wissen plötzlich seine Leuchtkraft verlor und beinahe in Vergessenheit geraten sollte.
Bis es Jahrhunderte später wieder neu entdeckt wurde. Dies geschah durch eine Gruppe junger Männer, vor knapp 1000 Jahren:
Wir sind nun mitten in der Entstehung des Ordens der Tempelritter und ihren geheimen Entdeckungen:
Im Jahre 1095 wurde vom Papst Urban II, aufgrund einer Prophezeiung von Bernhard von Clairvaux, zur Befreiung der Heiligen Stätte Jerusalems aufgerufen. In der Vision, die Bernhard erhalten hatte, ging es um die Bergung der heiligen Bundeslade (siehe Glossar), die in Jerusalem unter dem Tempelberg in einer Gruft vergraben liegen sollte. Als Folge rief der Papst zum heiligen Krieg auf. Das einfache Volk antwortete mit Begeisterung auf das „*Deus vult* (Altlateinisch für „*Gott will es*") des Papstes.

Bereits ein Jahr später (März 1096) zogen die ersten „Ritter", das heißt über 100 000 mit Schaufeln und Mistgabeln bewaffnete Bauern, Frauen und sogar Kinder los, die hofften, dadurch ihre „Sünden" (?) abbüßen zu können. Dies war der erste Kreuzzug, welcher bei Chivetot ein frühes Ende fand und den nur gerade mal 3000 von ihnen überlebten.

Schon Weihnachten 1096 folgte dann der zweite, besser organisierte Kreuzzug, welcher nun von einer ausgebildeten besonderen Ritterschaft geführt wurde. Unter schweren Verlusten wurde erst am 7. Juni 1099 Jerusalem erobert.

Bald begannen einige der in die Vision eingeweihten Ritter (es waren nur neun Templer, die von der Vision wussten und am Kriegsgeschehen nicht beteiligt waren), an der besagten Stelle zu graben. Es schien so, dass sich die Prophezeiung zu erfüllen begann, als man die heilige Bundeslade unter dem Tempelberg zu Jerusalem zu bergen versuchte. Denn man war sich gewiss, wer die Bundeslade des Gottes der Hebräer und somit auch den heiligen Gral (siehe Glossar) des Wissens besaß, würde auch alle Macht auf Erden besitzen, wäre unbesiegbar und könnte alles, was man begehrte, erlangen. So die Sage. [1,3]

In der besagten Gruft unter den Ställen Salomons entdeckten die Ritter bald unter anderem 19 alte Steinsarkophage und eine seltsame Kiste aus goldüberzogenem Akazienholz, angefüllt mit uralten Schriften in einer unbekannten geometrischen Schrift, welche aber später in zehnjähriger Arbeit entschlüsselt wurde.

Die Nachricht, dass sich angeblich nur „wertloses Papier" in den Kisten befand und kein Mittel zur Macht, erschütterte natürlich die Erwartung der Obersten der Kirche.

„Mysterien sind nur verborgenes Wissen."

Smaragdtafel VIII

Doch was beinhalteten die Sarkophage tatsächlich? War es der heilige Gral? (siehe Glossar) Was haben die in die Vision eingeweihten Templer so Wertvolles gesucht, dass es für die Kirche die Kreuzzüge rechtfertigen sollte? Haben sie vielleicht letztlich doch gefunden, was sie ursprünglich suchten, die Bundeslade? (siehe Glossar) Welches gefundene Geheimnis war nun so groß, dass sie es fortan geheim hielten? Geheim halten mussten?!

Nach den Überlieferungen und Aufzeichnungen des Ordens wurde tatsächlich uraltes geheimes und überaus revolutionäres Wissen[1, 3] über unsere wahre Freiheit und über die Quelle unendlicher göttlicher Macht gefunden.

Im Jahr 1118 gründete einer der Eingeweihten – Hugo von Payens – deshalb gemeinsam mit anderen Rittern den Templerorden, eine Bruderschaft mit geheimem Wissen und Kenntnissen über die Gesetze des Geistes, welche sie in den Schriften zu Jerusalem fanden und zum eigenen Schutz bis zum heutigen Tag weitgehend verborgen halten mussten.

Der Orden der Tempelritter, welche die Schriften zu sich genommen hatten und fortan offenbar gründlich studierten, wuchs beinahe über Nacht, ohne sichtbare äußere Ursachen, auf sehr geheimnisvolle Weise an Macht, Einfluss, Wissen und Besitztümern.
Wie konnte das sein? Der einzige Vorzug, den die Templer vor dem normalen Volk genossen, war Landbesitz und Steuerfreiheit. Kannten die Templer also auch die Botschaft der *Smaragdtafeln* und weiterer Schriften und so das letzte Geheimnis über die die allen Menschen innewohnende schöpferische Macht? Eines steht fest: Da die Templer dadurch offensichtlich absolut nach den kosmischen Gesetzen (dem **Prinzip**) lebten, erwarben sie sich innerhalb kürzester Zeit ein so unermessliches Wissen und ein unglaubliches Vermögen an materiellen Gütern, dass sie zu den mächtigsten Männern der damaligen Welt wurden. [2, 4]

Der Orden expandierte dabei so schnell, dass er nach Ansicht der Historiker eine ernste Bedrohung für den französischen König Philipp IV. zu werden drohte.
Denn Philipp galt als hochverschuldet. Zu seinen Hauptgläubigern zählten aber gerade die Templer. So wurden einfach kurzer Hand, am Freitag, dem 13. Oktober 1307, in einer Nacht- und Nebelaktion viele der Templer verhaftet. Die überaus großen Besitztümer beschlagnahmte der König. Dies war der eigentliche Grund der königlichen

Verschwörung gegen die Templer gewesen: die Vernichtung der vermeintlichen Nebenbuhler um die Macht und die gleichzeitige Entschuldung durch Ermordung der Gläubiger.[1]
Dieses Ereignis war der Verrat und das Ende des Templerordens. Jedenfalls offiziell.

Die Schriften der Templer, welche in den Sarkophagen gefunden worden waren, lagern seit diesem Zeitpunkt streng unter Verschluss in verschiedenen geheimen Bibliotheken und werden bis zum heutigen Tage übersetzt. [2,3 u.4]

Bis auf wenige Abschriften[3 u.4], werden diese der Öffentlichkeit bis heute vorenthalten. Wohl wissend, dass wer immer diese Schriften kennt, Macht haben wird. Zu viel Macht.
Nur deshalb wurden sie zum gehüteten Geheimnis.

Das geheime Wissen, welches die Templer fanden, kann aber nicht für immer hinter Mauern aus Stein verschlossen werden. Es steht in Wahrheit schon in einem jeden Herz geschrieben, verschüttet zwar, aber bereit, wieder ans Tageslicht zu kommen.

„Möchtest Du das tiefe, verborgene Geheimnis wissen?
Schaue in Dein Herz, wo das Wissen gebunden ist.
Wisse, dass das Geheimnis, die Quelle allen Lebens
und die Quelle allen Todes, in Dir verborgen ist."

Smaragdtafel XIII

In ähnlicher Weise wiederholte sich diese Abfolge von der Entdeckung des Wissens bis zu seiner bewussten Unterdrückung und „Ausradierung" immer wieder in der Geschichte der Menschheit.
Für dieses Geheimnis wurde jahrhundertelang gemordet, gefoltert, denunziert, gelogen, gebranntschatzt, während das Wissen unterdrückt, beschlagnahmt und verbrannt wurde. Doch letztlich wird jedes Ohr, das hören will, es hören und jedes Auge, das sehen will, es sehen.

Tausende Jahre der Verschleierung ließen die Wahrheit verstauben und an ihre leere Stelle trat Verwirrung. In dem neuen Zeitalter, das kommen mag, zeigt sich nun das alte Wissen erneut. Nun ist der Augenblick gekommen, in dem dieses kostbare Werkzeug wieder auf seinen Einsatz wartet: das **Prinzip!**

Was verborgen ist, muss wieder offenbar werden.

Dieses Wissen ist für alle gedacht, die danach fragen. Dieses Wissen ist für Sie!

Selbstverständlich werden in diesem Buch auch andere Teile der Schriften aus den Sarkophagen, welche die Templer in Jerusalem vorfanden, offengelegt. Wie zum Beispiel: [4]

„In diesen Schriften findet ihr das Licht der Wahrheit, vorausgesetzt, ihr habt die geistige Reife und seid im Besitz der Kraft der Toleranz, durch welche die Liebe zu allen Seinsformen existiert.

Nach dem Willen des Ur-Schöpfers soll noch einmal das Ur-Wissen (Das Ur-Prinzip; Anm. d. Autors) um die (sieben) Gesetze des Kosmos und die Gesetze, die alles Sein bestimmen, offengelegt werden, damit die Menschenrasse mit ihrem Verstand den Sinn und Zweck ihres Seins auf Erden begreift und versteht.

Es wurde zum Segen der Menschen offengelegt, damit sie wiedererkennen, dass ihre Wesenheit, als Geist eingebunden in die natürliche materielle Seele, unzerstörbar nach den kosmischen Gesetzen, göttlichen Ursprungs ist.

Nur dann, wenn sie begreifen, dass sie selber Schöpfer ihres Umfeldes und ihrer Umwelt sind, und dass sie als eine große Gemeinschaft von Wesenheiten füreinander Verantwortung tragen, haben sie als individuelle Wesenheit die Möglichkeit, zurückzukehren in das Reich unseres Ur-Schöpfers, um in dem Licht der Wahrheit, befreit von der Materie, als Wesenheit zu leben." [4]

An späterer Stelle wird mehr davon folgen.

In der heutigen Zeit ist das Interesse an den hermetischen Schriften und den besagten Smaragdtafeln nach all den Jahrtausenden neu erwacht.

Die *Tabula Smaragdina* soll viele Tausende Jahre vor unserer Zeitrechnung entstanden sein. Damit wäre sie eines der ältesten Wissenszeugnisse der Menschheit. Nach Aussage der Templer fanden sie entsprechende Abschriften in den Steinsarkophagen.[3 u.4]

Auszüge aus den Smaragdtafeln wurden auch 1945 in Nag Hammadi gefunden (siehe Glossar).

Hier liegt auch der Anfang und das Ende der uralten Suche und des Forschens nach der einen Antwort, die alles vereinheitlicht: der modernen Weltformel.

Doch egal, welchen Namen man dafür wählt, es ist immer die Suche nach dem einen **Prinzip**. Dieses zeitlose, bislang geheime Wissensgut ist heute aktueller denn je. Nachdem das Geheimnis so lange im Verborgenen schlummerte, sind wir im 21. Jahrhundert in einen Evolutionsprozess der Erkenntnis eingetreten. Nun sind wir bereit, in unserer Entwicklung weiterzugehen. Die Zeit ist reif, um dieses alte große Wissen, das von jeher die Grundlage für alle großen Offenbarungen und goldenen Zeitalter bildete, wieder neu der Öffentlichkeit zugänglich zu machen.

Das **Prinzip** gab es offenbar schon immer, und ohne das **Prinzip** wäre nicht eines, das geworden ist. Wer es versteht, lebt folglich ein göttliches Leben, ohne Einschränkung. Der höchste Ausdruck für das **Prinzip** ist dabei die tiefste Ur-Liebe, fernab des „normalen" menschlichen Verständnisses. Sie ist die Folge des Geheimnisses und die eigentlich verantwortliche Ursache für seine Wirkungen. Wer das Geheimnis der Liebe nicht verstanden hat und trotzdem dieses Wissen anwenden wollte, hat nicht verstanden, um was es geht.

Jener hat nicht mehr gefunden als eine prunkvolle Schatztruhe ohne Inhalt. Doch geht es nur um den Inhalt.

Zusammenfassung von
„Verborgen und doch offenbar":

- *Die Natur kennt und funktioniert ausschließlich nach den Urgesetzen des* **Prinzips**.
- *Das* **Prinzip** *ist das uralte Geheimnis des Lebens im Gewand der (jeweiligen) Zeit.*
- *Es geht um das älteste Wissen der Menschheit, um unsere wahre Freiheit und um unsere Mitschöpfermacht.*

Die Denksphären

Synchrone Hemisphären und Denkgewohnheiten

„Der Mensch, der sich nicht entschließen kann,
die Gewohnheit des Denkens zu kultivieren,
bringt sich um das größte Vergnügen des Lebens."

Thomas Alva Edison

Der menschliche Geist und seine Denkgewohnheiten haben sich seit den alten Zeiten nicht wirklich geändert. Noch immer tritt uns höhnisch der Unterschied zwischen den daraus resultierenden Schicksalen der einzelnen Menschen entgegen.

Man möchte behaupten, dass unsere Gedanken heute noch verwässerter sind als früher. Oder gibt es heute noch jemanden, der Pyramiden, die chinesische Mauer, die Sixtinische Kapelle, ein Bachoratorium oder Venedig so erdenken und erschaffen kann, dazu noch mit den damaligen Mitteln?

Die Gedanken werden heute zersplittert durch ein allgegenwärtiges Phänomen namens Stress. Schlechter Stress teilt nämlich unsere Gehirnhälften und somit auch unsere ganze Person in zwei und erbaut an seiner Stelle labile, dünne Gedankenfassaden. Eine Gedankenmakulatur aus eingefahrenen Denkgewohnheiten und automatisierten Gedankengängen.

Wenn man es tatsächlich wagt, die alten Denkmuster zu durchleuchten und zu hinterfragen, erkennt man schnell die blockierenden Ursachen für die persönliche Freiheit. Denn unsere Denkweise ist genauso antrainiert, wie alles andere, was wir täglich tun. Unglücklich verinnerlichte Gewohnheiten im Denken ziehen auch entsprechende unvollkommene Resultate im Außen nach sich.

Jede Blockierung der schöpferischen Kraft in uns ist nur ein manifestes Gedankenknäuel, welches aus nicht hinterfragten, nur angewöhnten Denkmuster besteht. Das Mysterium benötigt aber das entsprechende Milieu des freien Bewusstseins. Nur ein ganzheitlich synchrones Denken mit beiden Gehirnhälften zusammen schafft die machtvolle Grundlage (das Milieu), um sich ein vollkommeneres Bewusstsein zu eigen zu machen. Dies ist die Voraussetzung, um vom *Lulu* zum Mitschöpfer zu werden.

Das allgemeine Bewusstsein ist dabei nur das jeweilige Selbstbild, das, was wir meinen zu sein. *Lulu oder...?* Bewusstsein entsteht somit immer durch die Identifikation mit dem, was wir anschauen, womit wir uns identifizieren und umgeben.

Daraus ergibt sich die Schlussfolgerung, dass wir zuerst die „Mechanik" des Gehirns, die beiden Gehirnhälften, wieder in die Balance bringen müssen. Sowie ein Laserstrahl kohärent in sich vereint sein muss, um seine Wirkung zu haben, so müssen es auch unsere beiden Gehirnpotentiale sein. Nur so baut sich eine starke gebündelte Kraft aus dem schöpferischen Bewusstsein des **Prinzips** auf. Diese vereinte Kraft ist ein wichtiger Schlüssel, der zur Erschaffung der gewünschten Realität und Umstände dient. Die wahre Identifikation mit der letzten Wirklichkeit als Grundlage für das Bewusstsein (Selbstbild), gepaart mit den geheimen Gesetzen des **Prinzips**, bewirkt WUNDER!

Wie bringt man das Gehirn in die notwendige Balance, um in seine volle Schöpferkraft zu kommen?
Das Gehirn besteht aus zwei Hemisphären (Hälften). Zwei Seiten mit unterschiedlichen Aufgaben und Potenzialen. Die rechte Gehirnhälfte steht für die Intuition, die linke für den Intellekt. In der heutigen Zeit

dominiert zwangsläufig bei den meisten Menschen die linke Gehirn-hälfte, während die rechte Seite meistens sträflich vernachlässigt wird. So entsteht ein Ungleichgewicht, das zur massiven Einschränkung des persönlichen Potenzials führt. Denn eine extrem einseitige Betonung des Verstandes geht mit Stress und Druck einher. Das entspricht der linken Gehirnseite. Intuition und Kreativität, welche der Dominanz der rechten Gehirnhemisphäre entsprechen, können uns den nötigen Ausgleich hin zur Ruhe in der Ganzheitlichkeit verschaffen.

Erst das Zusammenspiel beider Gehirnhälften ergibt die Frucht der edlen Weisheit. Weisheit ist essenziell wichtig, um dieses Leben gewin-nend in Erfüllung leben zu können und um das Spiel zu durchschauen.

Doch wenn die entzweiten „Geschwister" Intellekt und Intuition wie-der vereint sind, öffnet sich der Weg zu verschütteten Fähigkeiten und zu einem umfassenden Verständnis der Beschaffenheit der Wirklichkeit und ihrer Gesetze.

linke Gehirnhälfte:
analytisch,
verbal,
rationell,
nach außen gerichtet

rechte Gehirnhälfte:
ganzheitlich,
visuell,
räumlich,
nach innen gerichtet

Hemisphärensynchronisation

Gezielte Übungen in Teil 3 dieses Buches und die beiliegende CD be-wirken den gewünschten intensiveren synchronisierten Austausch-prozess zwischen beiden Gehirnhälften.

Nach dem Gesetz der Polarität gilt, dass zwei unterschiedliche Dinge (Gehirnhälften), die doch eins sind, nur dann ihr ganzes Potenzial entfalten können, wenn sie völlig balanciert und harmonisch zusammenarbeiten. Rechts träumt, links setzt um!

Die hier angesprochenen Gesetze der Polarität und der Harmonie sind die geistigen Gesetze Nummer 7 und Nummer 5 welche in Teil II des Buches noch ausführlicher zur Sprache kommen.

Die ersten Früchte einer balancierten Denkweise sind:

- Freude
- Friede
- Liebe
- Harmonie
- Loslassen
- Wissen
- Weisheit
- Intuition
- Sog
- Kreativität

- Schöpfertum
- Entspannung
- Gleichmut
- Einheit
- Leichtigkeit
- Empfangen
- Offenheit
- Visionen u. Träume
- wenig Mühe
- viel Früchte

Das duale Gegenteil – Ergebnis einer nicht ausbalancierten Denkweise – sind:

- Frust
- Sorgen
- negativer Stress
- Druck
- Schweiß
- Ärger
- Zorn
- Chaos
- Festhalten

- Verhaftung an etwas
- Ignoranz
- Krampf
- Trennung
- Schwere
- Gleichgültigkeit
- Einseitigkeit
- viel Mühe
- wenig Frucht

Die richtige Denkweise kann man daran erkennen,
dass sie glücklich macht.

Die jeweilige Mentalität und die jeweiligen Gedankengänge sind von der Neigung des Einzelnen gefärbt. Jeder von uns erfährt dabei die Welt auf eine Weise, die entweder mehr zu der einen oder der anderen Seite tendiert. Ob Kampf oder allumfassendes Glück unsere Existenz bestimmt, haben wir dabei dauerhaft selbst in der Hand.

Dabei gibt es offensichtlich auf der mentalen Ebene einen großen Unterschied in der Auffassung und Verarbeitung der Dinge. Die vernachlässigte rechte Gehirnhälfte sieht einfach oft größere Zusammenhänge, welche die linke Gehirnhälfte schlicht nicht sehen kann. Ein Mensch, eingeklemmt im beschränkenden Zustand des „Anti-Prinzips" (siehe Glossar), ist dadurch charakterisiert, dass er hauptsächlich und viel zu einseitig durch seinen intellektuellen Verstand die „Realität" erfährt und verarbeitet.

Wer hingegen seine Intuition (rechte Gehirnhälfte) weckt, erfasst die Zusammenhänge und Realitäten des Ur-**Prinzips** deutlich besser. Mit der Entdeckung dieser Tatsache ist er den Menschen, welche unter der Alleinherrschaft des Verstandes leben, weit überlegen.

„Fantasie ist wichtiger als Wissen,
denn Wissen ist begrenzt.
Was wirklich zählt, ist Intuition."

Albert Einstein

Allein intellektuelles Wissen als Einzelgänger ist zeitlich begrenzt und vergänglich, es bewegt allein nur eitel den Verstand. Die intuitive Weisheit ist dagegen von Dauer, da Weisheit die Essenz des unvergänglichen schöpferischen Bewusstseins ist. Deshalb ist Weisheit, also intuitives Wissen, die wertvollste Eigenschaft, die wir erwerben können.

Der überzüchtete, einseitige Verstand kann nämlich nicht die wahre Tiefe der Weisheit des letzten Geheimnisses erfassen. Nur Weisheit ist grenzenlos und schließt alle Seinsebenen ein, jenseits dessen, was der Intellekt alleine zu erfassen vermag. In der faktischen Grenzenlosigkeit des Bewusstseins ist der Verstand kaum mehr als eine Spiegelung des Seins. Denn Ratio, richtig eingesetzt, mag eine nützliche Dienerin sein, einseitig eingesetzt, bringt sie aber nur eine sklavische Einengung.

Die Hauptaufgabe des Verstandes ist nun, an allem zu zweifeln, was er nicht gewohnt ist. Er funktioniert dabei wie ein Netz mit engen Maschen, das nur eine bestimmte Realitätswahrnehmung passieren lässt.

Es ist von größter Wichtigkeit, dass der Verstand seine Arbeit tun kann, damit er die Gefühle (Emotionen) beherrschen kann und nicht andersherum. Denn die Kraft der Gefühle ist sehr entscheidend für die Fähigkeit des Manifestierens. Darum ist es für die Meisterung des Geheimnisses von größter Wichtigkeit, diese schöpferischen „Energieabgaben" der Emotionen zu kontrollieren.

Verstand alleine ist trostlose Begrenzung. Der Intuition allein fehlt es an praktischer Anwendung. Aber Intuition und Verstand zusammen sind unschlagbar. Die Kunst ist es, beide beim Arbeiten synchron zu schalten wie einen Computer mit zwei Prozessorkernen. Nur, dass der eine für kreativ Intuitives und der andere für logisch Analytisches gebaut sein würde. Verstand und Intuition gemeinsam an einem Denkprojekt zu beteiligen, bedeutet, sein ganzes mentales Potenzial zu versprühen. Die Intuition wird daher erst durch die Führung des eingeweihten Verstandes zur Quelle der Weisheit.

Wissen ist oft eine Last,
Weisheit ist aber immer eine Lust.

Die Harmonie zwischen Wissen und Weisheit ist das Ergebnis des Synchronisierens der beiden Gehirnhemisphären. Bislang erreichte man diesen Zustand nur durch jahrelanges Meditieren. Jetzt eröffnen

Übungen auf der Basis wissenschaftlich begründeter und erprobter Techniken jedem Menschen die Möglichkeit, in kürzester Zeit Zugang zu seiner Intuition zu finden und vergessene Bewusstseinsschichten zu befreien. Dies führt zu einem ganzheitlich verwobenen Denkmuster, das eine feste Grundlage für die gezielte Erschaffung unserer Realität mittels des **Prinzips** ermöglicht.

Diese „synchronisierte" Auffassungsgabe erhebt den Menschen in seinen angemessenen Stand als Schöpfer seiner gewünschten Realität. Diese Ebene wird von jedem erfahren, der ein Leben in der Weite des Ur-**Prinzips** führt. So kann man das Denken, den Mentalbereich, entsprechend trainieren. Jeder, der den Weg des Geheimnisses geht, kann auf seine Art schöpferisch sein, einfach indem er die schlummernden Begabungen entfaltet.

Das Synchronisieren der beiden Gehirnhälften ist somit bedeutend für die Erschaffung unserer Realität und verschafft uns Zugang zu den offensichtlich verschütteten Potenzialen unseres Gehirns.

> *„Die meisten Menschen nutzen nur fünf bis sechs Prozent ihrer Gehirnkapazität. Ich nutze sieben Prozent!"*
>
> *Albert Einstein*

Oft werden die intellektuellen Fähigkeiten eines Menschen danach eingeordnet, welche Gehirnhemisphäre vorherrschend ist.
Kreative Menschen wie Künstler nutzen mehr die rechte Hälfte. Analytische Menschen wie Mathematiker eher die linke Seite. Beide Seiten, synchronisiert zusammengeschaltet, ergeben erst den Genius, was dem Leben nach dem Mysterium der Urgesetze entspricht. Das Genie steckt in jedem von uns – das ist eine Botschaft des Geheimnisses.

Es liegt also in der Natur der Dinge, dass wir Verstand, Wille, Gefühl, Fokus, Glauben, Sichtweisen, Unterbewusstsein, Bewusstsein, Identifikation zuerst dauerhaft gleichschalten müssen, damit sich auch entsprechend Dinge manifestieren können.

Diese Gleichschaltung ähnelt dem Magnetisieren von Metall: Einzelne Teilchen auf der subatomaren Ebene (Elementarteilchen) richten die Kraft ihrer Pole in Reihe aus. Dadurch verbindet sich die Kraft der Einzelnen mit den andern. Das Ergebnis ist ein großes Kraftfeld. Diese vereinigte synchrone Gleichschaltung, das Magnetisieren, ist das Ziel.

Dadurch bahnen wir uns einen Weg für eine neue neuronale Denkautobahn. Eine Straße im Kopf, die man wissenschaftlich ausmessen kann.

Die Straße im Kopf

Die Wunschfrequenz ist entscheidend auf der Straße zum Glück.

Die erwünschte Wirklichkeit hängt von der Qualität des Denkens ab, nicht von seiner Quantität. Es bedarf nicht der vielen komplizierten Worte intellektueller Art, es sind eher wenige, gezielte Informationen an das Universum. Die Frequenz ist bedeutend wichtiger als die Menge.

Unser Gehirn kann sich in verschiedenen Frequenzebenen bewegen, mit einem entsprechenden Wahrnehmungshorizont und damit verbundenen gesonderten Fähigkeiten. Es ist von größter Wichtigkeit, dass unser Denken dabei einen ganz bestimmten Frequenzbereich, die schöpferische Grundfrequenz, mit abdeckt. Diese richtige Grundfrequenz erschafft für uns so den Dauer-Sog für das Gewünschte.

Nur mit der richtigen Frequenz sind bewusst ausgeführte „Wunder" möglich, da hier das umfassende Verständnis für die Anwendung der Gesetze des Lebens liegt.

Wie im vorherigen Kapitel erläutert, gibt es zwei Gehirnhemisphären, welche synchron geschaltet, erweiterte Fähigkeiten zur Entfaltung bringen können. Dies steht nun mit der Frequenz des Gehirns in engem Zusammenhang. Das Synchronisieren verändert auch diese Frequenz.

Als man bei Menschen mit außergewöhnlichen Fähigkeiten mittels eines Elektroenzephalografen (EEG) die Hirnfrequenz maß, stellte man verblüfft fest, dass sich bei all diesen Probanden sehr ähnliche Frequenzmuster zeigten. Diese Menschen mit „übersinnlichen" Fähigkeiten wie Heilen durch Handauflegen, Telepathie oder auch Telekinese (Materienmanipulation) hatten offensichtlich alle denselben Schlüssel gefunden und nutzten ihn auch.
Damit wurde der Beweis erbracht, dass die im EEG erfasste Hirnfrequenz, also die Denkfrequenz, entscheidend dafür verantwortlich ist, ob Menschen Zugang zu „übernatürlichen Fähigkeiten" erhalten. Die Realität zu gestalten ist eine natürliche Fähigkeit, die in jedem Menschen schlummert.

Yogis, die über glühende Kohlen laufen oder sich tage- oder wochenlang ohne jegliche Wasser- oder Sauerstoffversorgung lebendig begraben lassen, jeweils ohne Schaden zu nehmen – auch bei ihnen entdeckten Forscher diese Frequenzen. Zum großen Erstaunen stießen die Wissenschaftler aber auch bei „ganz normalen" Menschen wie Angestellten, Handwerkern und Hausfrauen auf diese Frequenzen. Das Gemeinsame: Sie alle hatten eines dieser inzwischen populären Feuerlaufseminare besucht und erlernt, fast schon genussvoll über glühende Kohlen zu laufen.[5]

Auch Marathonläufer, Spitzensportler und Wunderheiler weisen dieselben in einem tieferen Bereich schwingenden EEG-Frequenzen auf. Diese Frequenzen sind es, die uns dem Geheimnis näherbringen.

Auch wir können den Schlüssel dieser synchronisierten tiefen Hirnfrequenzen nutzen, um tiefer in das Mysterium des Lebens einzutauchen! Sie lassen sich durch einfache, aber gezielte Übungen willentlich bewusst und dauerhaft auch im normalen Alltag erreichen.

Dadurch erreichen wir eine der entscheidenden Voraussetzungen zur Anwendung des **Prinzips**.

Nun erlauben wir uns einen Blick in das Gehirn und seine erstaunlichen Ebenen des Bewusstseins.

Es gibt vier wichtige Hirnfrequenzbereiche: Beta-, Alpha-, Theta- und Deltabereich.

Jeder Frequenzbereich hat einen bestimmten Schwerpunkt und eine Bandbreite des Wahrnehmbaren. Die Wahrnehmung unterscheidet sich beträchtlich je nach Frequenzebene. Jede dieser Frequenzen verlagert den Bereich des für uns sichtbaren Anteils der „Realität", also unseren Horizont.

1. Betabereich: ab 12 Hz, bei Panik über 40 Hz

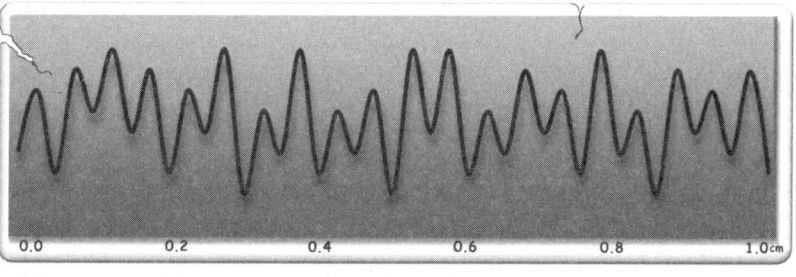

Betawellenmuster

Betawellen sind typisch für das Bewusstsein im Alltag, welcher normalerweise randvoll gefüllt ist mit Hektik und Stress. Dabei ist die linke Hirnhälfte unnatürlich dominant. Wir fühlen uns gestresst und unglücklich. Zu viel von diesem Bereich bewirkt ein Leben unter dem Anti- oder Druck-Prinzip (*eben ziemlich Lulu*). Es ist ein sehr schneller Frequenzverlauf, die hektischen Amplituden auf dem EEG sind typisch.

2. Es folgt der Alphabereich: 8 bis 12 Hz

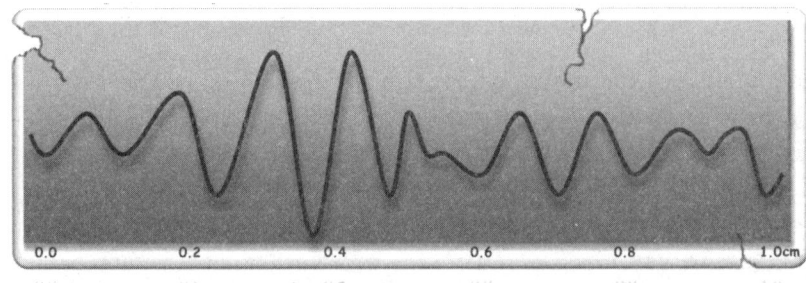

Alphawellenmuster

Der Alphabereich beginnt bereits bei Ruhe, bei geschlossenen Augen und wenn wir einfach nur lächeln. Die beiden Hirnhälften beginnen langsam synchron zu arbeiten. Die Amplitude ist ruhiger, die Frequenz langsamer. Immer wenn wir uns wohlfühlen, liegt zumindest der Alphabereich vor. Erkennbar ist dies daran, dass sich der Atem beruhigt und verlangsamt. Die Atemfrequenz hat wiederum auch einen entscheidenden Einfluss auf das Hirnwellenmuster. Schnelles Atmen, wie es beispielsweise typisch im Stresszustand ist, hält die Hirnfrequenz im hektischen Betazustand fest. Der Alphazustand ist dagegen typisch für Entspannung, Halbschlaf, den Aufenthalt in der Natur, leichte Meditation und wenn man verliebt ist. Mit den Alphawellen kommen wir dem Geheimnis des **Prinzips** etwas näher.

3. In tiefere Ebenen führt der Thetabereich: 4 bis 8 Hz

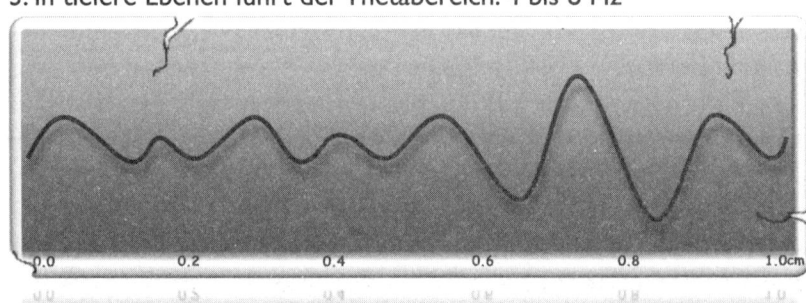

Thetawellenmuster

Den Thetabereich findet man im Dämmer- bis Tiefschlaf vor, aber gleichzeitig ist dies auch eine Phase tiefer Meditation und hoher Kreativität. Obiges Wellenmuster ist charakteristisch. Dort entwickelt die Hemisphärensynchronisation noch mehr Schöpfungspotenzial. Der Thetazustand ist auch der Bereich der höchsten Empfänglichkeit für Suggestion.

4. Auf der tiefsten Ebene angekommen, bewegen wir uns im Deltabereich: unter 4 Hz

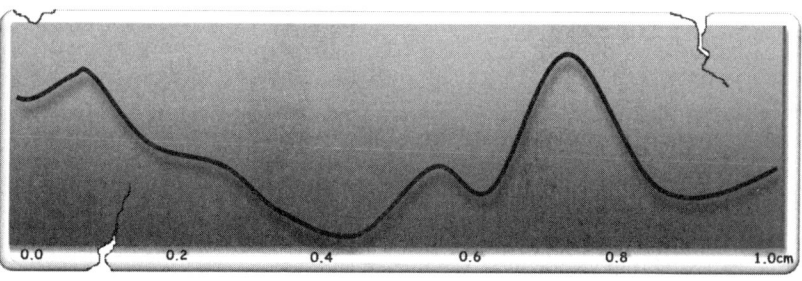

Deltawellenmuster

Mit unter 4 Hz ist dies die tiefste erreichbare Frequenz. Dort sind wir normalerweise fernab jeder bewussten Wahrnehmung. Wer sich hier aufhält, ist entweder im absoluten Tiefschlaf, ein geübter Yogi oder einfach nur im Koma.

Die Spannung zwischen den beiden Gehirnhälften ist hier völlig verschwunden, und ein bewusster (!) schöpferischer Zustand kann erreicht werden.

Doch offensichtlich bringt uns dieser tiefe Deltazustand wenig, wenn wir dabei einschlafen. Die Beherrschung einer entsprechenden Technik ist deshalb nötig, um diesen Zustand vollkommen wach und bewusst zu erleben. Dadurch öffnet sich das Tor zu uns selbst und so zum Verständnis der Anwendung der stärksten verfügbaren Kraft, der Gesetze des Lebens, des **Prinzips**.

Diese tieferen Bereiche sind die Schlüsselfrequenzen zur schöpferischen Bewusstseinsebene des Mysteriums. Sie sind umso stärker und mächtiger, je langsamer die Frequenz (Welle) ist, während gleichzeitig die Amplitude (Gefühlsintensität) steigt. Man könnte sie auch einfach die „Wunschfrequenzen" nennen.

Die Frequenz und die Synchronisierung des Gehirns entscheiden, ob man in seinem Gebiet ein wirkliches Genie oder nur Durchschnitt ist. Hier entscheidet es sich auch, ob man die Wirklichkeit in der Tat bewusst erschaffen kann.

Mit dem auf einer wissenschaftlichen Basis herbeigeführten meditativen, dabei aber hellwachen und daher bewussten Zustand können auch „Normalsterbliche" neue Ufer betreten.

Wir Menschen sind dazu gemacht, beide Seiten des Gehirns gleichwertig in einem bestimmten Frequenzspektrum einzusetzen, um unser ganzes Potenzial ausschöpfen zu können. Und dieses Potenzial ist im Mysterium des geheimen **Prinzips** verborgen.

Die gezielten Übungen zur Erweckung der „Wunschfrequenzen" finden Sie in Teil 3 dieses Buches und auf der CD.

Wunschfrequenz und Wunschgeschwindigkeit

„Wenn ihr's nicht fühlt,
ihr werdet es nicht erjagen."

Johann Wolfgang von Goethe

Das schöpferische Bewusstsein ist uns im „normalen" Alltag nicht zugänglich. Wer nicht richtig gelernt hat abzuschalten, kann sich auch nicht erfolgreich des **Prinzips** bedienen. In den Bewusstseinsbereichen der Yogis und manch anderer außergewöhnlicher Menschen findet man daher kaum hochfrequente Betawellen, die typischerweise bei Stress, Angst, Sorgen, Unruhe und stark analytischem Denken vorherrschen. Und manchmal auch gerade beim sogenannten *„positiven Denken"*.

Um es ganz klar zu sagen: Im Betazustand erfolgreich zu wünschen ist einfach nicht möglich, es endet zumeist im „Wegwünschen". Dies ist der Grund, weshalb so oft nicht das erreicht wird, was eigentlich gewünscht wird.

Das schöpferische (!) Denken wird nämlich ausschließlich von den langsameren Frequenzen bestimmt, den Alpha-, Theta- und Deltawellen.

Den Betabereich lernen wir etwa ab der Schulzeit kennen, davor sind die anderen Bereiche etwas unkoordiniert vorherrschend. Im Laufe der Zeit verringern sich dabei die langsameren Wellen zugunsten der schnellen hektischen und der Mensch wird zur Uniform. Dauerhaft auf dieser Ebene lebend, sind wir nicht wir selbst, höchstens eine Karikatur.

> In Alpha sind wir menschlich.
> In Theta übermenschlich.
> Und in Delta ist man göttlich.
> Nur in Beta verhält man sich wie
> ein kompletter Vollidiot.

Beta ist eine schöpferisch sehr schwache Bewusstseinsebene, welche die Sinne in einem stark begrenzten Rahmen hält. Die heute übliche Überbetonung dieser Ebene unterdrückt die anderen Bereiche, so dass das Bewusstsein eingeschränkt wirkt und nicht das volle Potenzial ausgelebt werden kann.

Jede Frequenz hat ihre Berechtigung, doch keine sollte ein Monopol besitzen. Dabei hat jede einzelne Hirnfrequenz eine bestimmte Affinität, entsprechend der vorherrschenden Resonanzfrequenz. So auch die Beta-, die Alltagsfrequenz. Und wenn man sich nur in diesem einen Bereich aufzuhalten pflegt, begegnet man den anderen Bereichen logischerweise mit kompletter Unkenntnis.

Jeder dieser Frequenzbereiche zieht nur wieder mehr von seiner eigenen Frequenz an. Ein bewusster Aufenthalt in den entsprechend schöpferischen Bereichen hat hier schnell seine positiven Auswirkungen. Machen wir dies nun auf Dauer, schaffen wir nahtlos unsere gewünschte Realität.

Es geht, wie gesagt, nur um eine neuronale Gewohnheit.

Das Gehirn hat die phantastische Fähigkeit, ein besonderes Wellenmuster, eine Art Wunschfrequenz, zu erzeugen. Diese durch Messungen belegbare Frequenz ist die Grundlage für bewusste Gestaltung der gewünschten Realität.

Diese Wunschfrequenz baut wiederum die richtige Resonanz zum zukünftigem Erleben auf. Das Gefühl bestimmt dabei die Wunschgeschwindigkeit oder Resonanzstärke (Amplitude), das heißt, wie schnell etwas in die Realität kommt.

Es ist wie bei einem Radio: Das gezielte Denken wählt den richtigen Sender und das entsprechende Gefühl regelt die Lautstärke. Zuerst müssen Sender und Empfänger auf die zueinander passende Frequenz eingestellt sein, damit es überhaupt Empfang gibt.

Unsere Wirklichkeitskreation ist demnach umso schneller von Erfolg gekrönt, je intensiver die Gefühle in der dazu passenden (Denk-)Frequenz ausgesandt werden. Die Übereinstimmung beider Faktoren ist der Indikator dafür, ob wir etwas gemäß unserer Bestimmung wünschen. Die entsprechende Denkfrequenz haben wir immer dann, wenn wir im Alpha-, Theta- oder Deltabereich sind.

Unser Universum reagiert immer auf unser Denken, Fühlen und auf die Bilder und Vorstellungen, die damit gefüllt sind. Gedanken bringen

Gefühle hervor und Gefühle manchmal Gedanken. Beide in der „Wunschfrequenz" ausgesandt, schaffen Realität. Entscheidend ist, dass unser Wunsch immer tiefer als in Beta (Alltagsbewusstsein) ausgesandt wird. Nur in Beta besteht die Wahrscheinlichkeit, dass man es verdreht anwendet. In allen anderen Frequenzbereichen ist Irrtum ausgeschlossen!

Nun verstehen wir endlich, weshalb ein Wünschen und auch positives Denken und Ähnliches im ungeeigneten Frequenzbereich, also in Beta oder im Alltags-/Stressbewusstsein, nicht dauerhaft richtig funktionieren kann. Weder die Frequenz und die Gefühle stimmen dabei, noch ist das Gehirn richtig synchron.

$$Emotion = E(nergy\ in)motion$$
$$Gefühle = bewegte\ Energie$$

Das Gefühl ist der Treibstoff des Wunsches. Gefühle spielen eine wesentliche Rolle dabei, wie schnell sich ein Wunsch erfüllt. Sie haben somit unmittelbar Einfluss auf die Wunschgeschwindigkeit. Gefühl und Gedanke müssen dabei immer die gleiche Frequenz haben. Verschiedene Frequenzen führen nur zu Interferenzen! Das heißt, Wünsche, die mittels Gedanken und Gefühlen ausgedrückt werden, müssen genauso kohärent in sich vereint sein wie ein gebündelter Laser. Sonst haben wir nur eine verstümmelte Bestellung abgeschickt.

*Es ist wichtig, dem Herz zu folgen
und dabei den Verstand zu gebrauchen!*

Wenn man jedoch in zwei Welten zugleich lebt, der Welt der Wünsche (Herz) und der Welt des Verstandes (Sicherheit, Gewohnheit), so führt dies zu leidvollen Erfahrungen und zu einer geringen Chance, Realität zu schaffen.

Das schöpferische (!) Denken wird nämlich ausschließlich von den tieferen Frequenzen bestimmt.

Man kann vereinfacht sagen: Je tiefer die Frequenz (wichtig: bei vollem Bewusstsein), umso mehr richtet sich der Blick nach innen, desto näher sind wir dem Bereich, wo alles möglich ist. Wir lernen so das Innen nach außen zu bringen und endlich schöpferisch aus unserem Wesenskern heraus zu sein.

Vollkommene Liebe bringt beide Hemisphären des Gehirns in der richtigen Frequenz zusammen. Die Gesetze des Lebens sind die angewandte Liebe! Diese Ur-Liebe ist das stärkste und mächtigste Gefühl, um das Universum auf unsere Wünsche antworten zu lassen. Was das bedeutet, klären wir in Teil 2 dieses Buches.

Es müsste nicht gelehrt werden, wäre es nicht auf dem Weg durch Desinformationen verloren gegangen. Wir müssen nur verstehen, dass das **Prinzip** schon immer eine Fähigkeit von uns war, und es wird Zeit, uns diese befreiende Kraft wieder anzueignen.

Zusammenfassung von – „Die Denksphären":

- *Die Denkgewohnheiten beeinflussen den freien Geist.*
  Synchrone Gehirnhälften sind schöpferisch.
- *Intuition plus Wissen ergibt Weisheit. Intuition sind Gedanken und Gefühle, welche immer frei von Zweifel sind.*
- *Die Wahrnehmungshöhe wird von der Bewusstseinstiefe bestimmt.*
- *Gedanken sind die Wunschfrequenz, Gefühle die Wunschgeschwindigkeit. Wir streben den Gleichklang und so die Verbindung von Gedanken und Gefühlen an.*

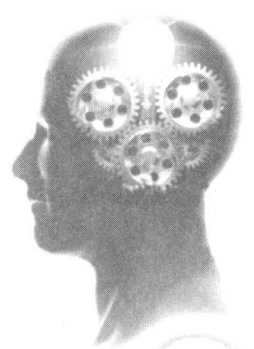

Innere Mechanik

Der Mechanismus der Gewohnheit und des Wollens

„Tu was Du willst – aber nicht, weil Du musst."

Siddharta Gautama

Wie funktioniert Realität, wer erschafft sie? Was sind Gedanken? Wo kommen sie her? Haben wir Einfluss auf das, was in unserem Leben passiert, oder sind wir Opfer unserer Umstände?

Ein großer Hinderungsgrund für ein erfülltes schöpferisches Leben ist tatsächlich nicht zu wissen, was man eigentlich will, ohne zu wissen, dass man eigentlich nicht weiß, was man will!

Das liegt aber ursächlich am Mangel an wirklicher Entscheidungsfreiheit. Nur wer alternative Möglichkeiten hat, kann sich willentlich und bewusst für etwas anderes entscheiden. So gebietet es die Logik.
In einem Leben, randvoll mit vorgefertigten Mechanismen – wie der tägliche Weg zur Arbeit, Arbeiten, Kochen, sich um die Kinder kümmern usw. –, gibt es einfach oft nicht genügend Spielraum für andere alternative Gedankengänge und somit für neue Erlebnismuster.
Es erfordert etwas Kühnheit, sich an neue und vielleicht unkonventionelle Dinge heranzuwagen. Genauso verhält es sich mit neuen „revolutionären" Gedanken, Gewohnheiten und Gedankenfrequenzen.

Wir wissen, dass Gewohnheiten eigentlich dazu da sind, unser Leben zu entlasten. Nur so können wir komplizierte Vorgänge automatisieren, für die wir, bevor diese zur Gewohnheit wurden, große Konzentration benötigten. Gewohnheiten sind also unbewusst ablaufende Programme. Autofahren ist dafür ein gutes Beispiel: In der Fahrschule denkt man anfangs: *„Das lerne ich nie"*, und ein paar Wochen später hat man den komplizierten Stepptanz mit Schalten, Kuppeln und Bremsen im Blut, als wäre man mit einem Gaspedal geboren worden. Es ist einfach eine Gewohnheit geworden, die unserem Gehirn erlaubt, sich gleichzeitig mit anderen Dingen zu beschäftigen. Gewohnheiten sind also unbewusst im Hintergrund ablaufende Programme.

Gewohnheiten sind demnach nützlich und äußerst wichtig. Sie sind so lange nützlich und wichtig, wie wir nicht von diesen Mechanismen hintergangen werden und irgendwelche Dinge, welche wir eigentlich so jetzt gar nicht mehr benötigen würden, unbewusst und deshalb unsichtbar „hinter unserem Rücken" ablaufen. Das Gefährliche an Gewohnheiten ist nämlich, dass wir mit der Zeit nicht mehr darüber nachdenken, nicht mehr nachschauen, ob der Mechanismus noch seine Berechtigung hat.

Diese einengende Handlungsmuster berauben einen schnell der Freiheit der bewussten Entscheidung und damit eines SELBSTbestimmten Lebens. Der Wille könnte die Veränderung schaffen. Doch wenn die Gewohnheit und der Wille gegeneinander stehen, wird fatalerweise immer zuerst die alte Gewohnheit gewinnen!

Darum ist es so wichtig, über diese kleinen Programme bewusst zu herrschen, damit sie nicht über uns herrschen.

Säe einen Gedanken und Du wirst eine Tat ernten;
säe eine Tat und Du wirst eine Gewohnheit ernten;
säe eine Gewohnheit und Du wirst einen Charakter
ernten; säe einen Charakter
und Du wirst ein Schicksal ernten.

Aus China

Beispiel? Ein Raucher will das Rauchen aufgeben. Er wirft am Sonntag die letzte Schachtel in den Mülleimer und schwört, diesem Zeug zu entsagen. Am Montag Morgen ist sein erster notorischer Griff auf den Nachttisch zu den Zigaretten. Natürlich liegen da keine mehr und ihm fällt sofort sein neuer Vorsatz ein. Erfreut über seinen kleinen Sieg, geht er in die Küche und sucht seinen Aschenbecher. Als er ihn findet, schaut er ihn an und schüttelt unverständig den Kopf. Auf dem Weg zur Arbeit drückt er reflexartig den Zigarettenanzünder und beim Herausschnappen tippt er schon nervös mit dem Finger an sein Lenkrad. Im Büro streckt ihm der Arbeitskollege seine Zigarettenschachtel entgegen. Beherzt greift er zu, steckt sich die Zigarette genüsslich in den Mund, um sie dann, wieder bei Sinnen, entsetzt auszuspucken.
Das ist die Macht der (neuronalen) Gewohnheit!

Oder versuchen Sie einmal mit links zu schreiben oder verschränken Sie die Arme anders als gewohnt. Gar nicht so einfach, weil wir es so nicht gewohnt sind.

Menschen sind einfach Wesen der Gewohnheit. Sie wiederholen wie in einer Schleife dauernd ihre gewohnten Gedanken und Gefühle. Diese Wiederholungen geben ihnen ein vermeintliches Gefühl der Stabilität und Sicherheit. Dies vermitteln ihnen etwas, was man im Allgemeinen Persönlichkeit nennt. Wenn aber bald nur noch das steife Gerüst der Gewohnheit unsere Persönlichkeit (also unser Bewusstsein) darstellt, wo ist dann der wahre Kern der Person geblieben? Mit was soll man sich da noch identifizieren, wenn der Wesenskern dadurch zu ersticken droht?
Das ist wichtig, denn der Kern macht die Resonanz und ohne Resonanz keine Schöpfung!

Dieses Verharren in der Gewohnheitsstruktur verschließt den Zugang zum wahren Wesenskern. Dort aber liegt der Schlüssel zum Geheimnis. Nur der Wesenskern kann in Resonanz zum **Prinzip** gehen und damit Schöpferpotenzial entfalten.

Auch werden Denkgewohnheiten schnell zu Glaubenssätzen. Diese sind dann manchmal so eingefleischt, dass sie nicht mehr als solche wahrgenommen werden.

Automatisierte Gewohnheitsmuster außerhalb unserer bewussten Kontrolle und liebevollen Führung ersticken zuverlässig jede neue „gefährliche" Erfahrung und beschränken ganz klar den Bewusstseinshorizont und somit den tatsächlich erlebbaren Glanz des Lebensglücks. Dies führt zu einem sehr unbewussten Leben.

Es sind die Denkgewohnheiten, welche in Wechselbeziehung zum Unterbewussten stehen. So ist es befreiend, die Rumpelkammer der toten Gewohnheiten zu entrümpeln und durch neues, befreiendes Material zu ersetzen. Dadurch eröffnet sich eine weite, neue Bewusstseinsalternative, so dass wir gerne den alten abgetragenen Mantel der Gewohnheit gegen den Schick der unendlichen Möglichkeiten eintauschen.

Wir sind somit im Begriff, alte Gedanken und Gewohnheitsmechanismen durch neue, befreiende zu ersetzen. Schon alleine das Erkennen und Anerkennen von möglichen alternativen Denkstrukturen durchbricht alte Gewohnheiten.

Neue Denkmuster und Gewohnheiten entstehen durch kontinuierliches neues Denken.

Dabei steht an erster Stelle, dass man für sich selbst formuliert und artikuliert, was man eigentlich von seinem Leben erwartet und sich von Herzen wünscht. Auch wenn diese verrückt klingen mögen: Dieser Akt schafft Freiraum für neue, freie und unkonventionelle Gedankengänge. Denn was nützt uns das Wissen um unsere schöpferische Macht, wenn man nicht weiß, was man damit anstellen will?

Doch viele Menschen sind nicht fähig, aus ihren Gedankenruinen auszubrechen und es zu wagen, ihre tiefen Wünsche, Visionen, Träume überhaupt erst einmal in Worte zu fassen. Zu fest verschlossen im Verlies der Angst vor einer Enttäuschung und täuschen sich letztendlich dadurch immer wieder selbst. Dabei halten sie sich selbst von der Erfüllung ihres

Lebenszieles fern, anstatt darin, im Jetzt (!) zu leben. Gewohnheiten haben doch nur Sinn, wenn sie unsere Freiheit unterstützen.

Ein mir bekanntes Pärchen murrte viel über den Lebensstil, den sie führen "mussten". Wohl wissend über ihre Denkweise, fragte ich nach ihren Lebenszielen und was sie sich eigentlich wirklich wünschten. Es dauerte aber gut 15 Minuten bis überhaupt etwas einigermaßen Greifbares aus ihrem Mund kam. Und dies, obwohl sie wahre Meister im Beschweren waren und gänzlich überzeugt schienen, genau zu wissen, was sie (nicht) wollten. Jeder kennt Situationen, in denen einem einfach zum Jammern zumute ist. Es ist aber tatsächlich gesünder zu murren, als einfach alles zu schlucken oder mit Floskeln abzutun, die vielleicht den neuesten Ratschlägen aus dem Bereich „positives Denken" entsprechen. Was aber, wenn das Jammern bereits zur unterschwelligen Gewohnheit geworden ist? Nach dem geistigen Gesetzen wird man dadurch auch zu einem Dauermagneten für das, worüber man klagt.

Die entscheidende Frage ist: Was will ich mit meinem Leben anstellen? Was für ein Ziel habe ich? Was will ich alles erreichen? Wer will ich sein? Es bietet sich an, sich in einer ruhigen Minute mit diesen Themen intensiv zu befassen.

Die Antworten auf diese Fragen liefern die entsprechenden Alternativen, um mittels des angewandten **Prinzips** seinem Leben größere Erfüllung zu geben. Egal wie Ihre Antwort darauf aussieht, mit der richtigen Methode wird alles bestimmungsgemäß werden.

Über 90 Prozent unserer Existenz und unseres Denkens werden vom Unterbewusstsein und den darin abgelegten Gewohnheiten gesteuert. Wer darum fähig ist, sein Unterbewusstsein gezielt durch ein waches und wahres Bewusstsein mit neuen Möglichkeiten, seinen Träumen und Zielen zu füllen, kann sein Leben auch in die gewünschte Richtung lenken. Garantiert, real und so sicher wie das Ergebnis einer mathematischen Gleichung!

Schönheit, Erfolg, finanzieller Reichtum, die Verwirklichung des Selbst oder was immer man sich erträumt, können Realität werden. Denn das kann genauso zu einer eingefleischten Gewohnheit (!) werden.

Denken heißt, Informationen zu verarbeiten. Tun wir das mit denselben Informationen auf Dauer immer wieder, werden diese zur Denkgewohnheit. Wird dies weitergetrieben, wird daraus ein (unbewusster) Glauben, wie die Wirklichkeit sein muss. Und dementsprechend formt sie sich.

> Das Denken, welches Dich hierher gebracht hat,
> wird Dich auch künftig wieder
> nur hierher bringen können.
> Für neue Resultate braucht man auch
> ein anderes Denken.

Woher wissen wir, was wir zu wissen glauben? In den meisten Fällen doch hauptsächlich aus den Medien, dem Umfeld, dem Äußeren.

Was, wenn diese von außen aufgeprägten Programme nicht die letzte Wirklichkeit darstellen? Was wäre, wenn auch die öffentliche Meinung nur „sichere Erfahrungswerte" aus der längst verflossenen Vergangenheit reflektiert?

Erfahrungen nur im Rahmen eines alten Musters sind eine überaus klägliche Sicherheit. Was aber geschieht, wenn wir durch die Übernahme von neuen und besser passenden Mustern die Kraft hätten, unser Leben in eine völlig neue Richtung zu lenken?

Unbewusstes und bewusstes Leben

„Blicke in Dein Innerstes …
Da drinnen ist eine Quelle des Guten,
die niemals aufhört zu sprudeln,
solange Du nicht aufhörst danach zu graben …“

Marc Aurel

In Anbetracht dessen, dass noch so vieles unentdeckt auf uns wartet, ist es eine ernüchternde Tatsache, dass mindestens 98 Prozent dessen, was wir heute denken, wir auch schon gestern gedacht haben. Und auch morgen werden wir erneut nahezu dieselben 60 000 Gedanken wie jeden Tag abspulen – unbewusst. Viele davon sind die negativen Schlagzeilen der Medien von gestern, vorvorgestern und aus vergangenen Zeiten. So können wir auch nur das erleben, was in der Vergangenheit war. Das bedeutet schlicht, an jedem „neuen“ Tag denselben langweiligen Tag wieder und wieder zu erleben.
Eine hölzerne Marionette könnte sich damit sicher begnügen.
Der unwissende Zeitgenosse begnügt sich offensichtlich mit den unendlichen Variationen des bereits Gedachten. So bleibt alles bei den alten Gedanken- und Lebensmustern. Das Fatale dabei ist, dass wir irgendwann immer das empfangen, worüber wir nachdenken.
Denn was wir uns heute angewöhnen zu denken, das denken und fühlen wir morgen erneut. Es bestimmt unser Handeln und damit unsere Gegenwart und Zukunft. Wir werden einfach zu dem, was wir länger gedanklich umkreisen. So entsteht letztlich und meist unbewusst das, was wir „Schicksal“ nennen.

Unsere Gewohnheiten, gute wie schlechte, liegen zum größten Teil in unserem Unterbewusstsein vergraben. Dort haben wir unsere Konditionierung für unser gesamtes Lebensprogramm. Dort ist auch das von uns selbst geschriebene Programm für die uns erreichbare persönliche Lebensfülle abgelegt. Die gezielte Auswahl des Programms ist also eine überaus wichtige Angelegenheit.

Das Unterbewusstsein ist in allem unsere verborgene Triebfeder. Es bestimmt unterschwellig unser ganzes Leben. Es ist das Schicksal selbst, könnte man meinen.
Ein Schicksal würde sich aber nicht ändern lassen. Aber das Unterbewusstsein lässt sich sehr wohl beeinflussen. Es kommt nur darauf an, womit wir es bewusst (!) füttern.

Der Verstand filtert unentwegt aus dem ständig auf ihn einwirkenden Meer an Eindrücken die Informationen aus, welche ihm wichtig erscheinen. Alles andere geht an ihm total vorbei. Der liebe Verstand kann dabei pro Sekunde nur gerade lächerliche 2000 Bits verarbeiten, das Unterbewusstsein vermag dagegen in derselben Zeit 400 Millionen Bits zu verarbeiten. Man begrenzt sich also ganz schön, wenn man die passiv schöpferischen Ebenen des Unterbewussten vernachlässigt.

Im Unterbewusstsein ruht somit das schöpferische Potenzial, durch welches das **Prinzip** wirken kann.

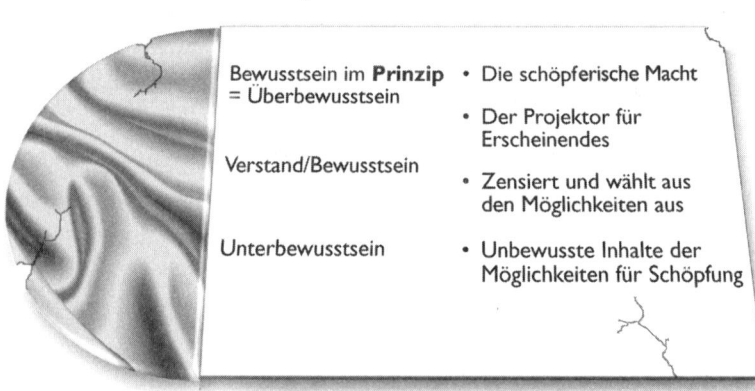

Die drei Bewusstseinsebenen

Der Filter des Verstandes (Beta-Wachbewusstsein) wählt zwar aus, aber er kann nicht erschaffen. Er ist nicht schöpferisch. Das Unterbewusstsein ist die schöpferische Grundlage für das (befreite) Bewusstsein. Ein Bewusstsein im schöpferischen **Prinzip** ist die potentielle Macht, welche durch die ewigen Gesetze des Lebens handelt.

Wenn wir die Möglichkeit nutzen, diese Welt unter unserem Bewusstseinsradar wach und bewusst im Alpha-/Theta-/Deltazustand so zu gestalten, wie wir es wollen, wird sich das Leben danach ausrichten müssen.

Wie innen, so außen. Wie außen, so innen.

Mit diesem Mechanismus, der immer von innen nach außen wirkt, kann man alles aus einem Glück berauschten Wesenskerns erreichen. Denn alles, was unser *Unterbewusst*sein für real hält und sich „angewöhnt" hat, muss werden.

Es passiert nämlich tatsächlich nichts da draußen, was nicht vorher in uns war. Alles, was im Außen geschieht, existierte zuvor in unserem Inneren, im Unterbewusstsein, dem Speicher aller wahrscheinlichen Möglichkeiten. Alles, was unser Unterbewusstsein enthält und was unser Alltagsbewusstsein (Verstand) für möglich und wahr hält, kann passieren. Nicht weniger und nicht mehr. „Gutes" wie „Schlechtes".

Durch neues Material (Information) eröffnet sich ein Weg, die alten Inhalte zu ersetzen. Wir überspielen diese Programme und definieren so auf neue Weise, was wir über uns denken, über die Welt, über Menschen, Situationen, Vergangenheit, Zukunft, über alles.

Glück ist also nur eine Gewohnheit entfernt.

Wichtig ist eine massive positive Grundeinstellung (nicht bloß positives Denken), die auf einem festen Bewusstseinsfundament steht und die aus der Schatzkammer des Unterbewusstseins schöpft.

Schöpferische Gedanken benötigen einfach das entsprechende Milieu als Bewusstseinsgrundlage, damit, wie von selbst, dauerhaft (!) positive Gedanken entstehen können. Vollkommen wird es in der Liebe zu sich selbst, zu dem göttlichen Funken, welcher uns zu einem bewussten, erschaffenden Meister des Lebens macht.

Wir erschaffen ständig, wenn auch unbewusst

Was innen ist, wird außen!

Alles fängt in Gedanken an und alles, was ist, ist aus einem Gedanken geschaffen worden. Nichts, was je als Erscheinendes in Materie gekleidet wurde, ist ohne einen vorausgegangenen kausalen Gedanken entstanden. Darum kann man durch zielgerichtetes Denken auch die Beschaffenheit der Materie, nützlichere Gedankengänge, Umstände und Handlungsmuster entsprechend neu erschaffen.

Jede unserer Gedankeninformationen, jede Entscheidung, birgt so eine neue Grundlage für die erlebbare Wirklichkeit. Die richtige Information ist das Rohmaterial für echte, schaffende Erkenntnis.

Ein Wort zu Erkenntnis: Es ist ein himmelweiter Unterschied zwischen dem normalen Erkennen mittels des Verstandes, wie *„Ich erkenne der Himmel ist blau und das Gras ist grün"* und der offenbarenden Erkenntnis. Die Erkenntnis, die hier gemeint ist, ist nicht nur eine *Gnosis* (griechisch für das eher allgemeine Erkennen), sondern eine waschechte *Epignosis* (griechisch für eine Offenbarungs-Erkenntnis, wörtlich *Auf-Erkenntnis*). Also ein inneres enthüllendes Erkennen, welches zuletzt zur Erleuchtung führen kann.

Diese innere Erkenntnis ändert alles. Denn was innen ist, wird immer auch außen!

*Es gibt keine Wunder an sich,
nur Wunder erschaffendes Denken!*

Wir erschaffen unsere Welt buchstäblich in jeder Sekunde. Wir erzeugen die Realität durch unsere Gedanken, durch die machtvollen Informationen, die wir durch den Denkvorgang dabei aussenden.

Ganz gleich, ob wir das bewusst oder unbewusst tun, genau das machen wir tagtäglich. Eigentlich tun wir nichts anderes, als zu erschaffen, und merken es nicht einmal!

Was wäre erst dann, wenn wir es im vollen Bewusstsein kontrolliert tun würden?

Der Geist beherrscht die Materie! Wir verwandeln Energie in Materie, ohne eine Ahnung von unseren Fähigkeiten zu haben. Wir machen aus einem Gedanken Erscheinendes und bekommen davon in der Regel überhaupt nichts mit! Unser Gehirn ist nämlich ein perfekter Frequenzwandler. Es macht aus Gedankenenergie feste Materie(-energie).

In Wahrheit nun ist alles Energie, egal welche Wellenlänge oder Dichte es besitzt, ob sichtbar oder unsichtbar. Unsere ganze Realität ist ein Meer aus Energie, geformt und formbar durch die angewandten Kräfte des Bewusstseins im **Prinzip**.

Vielleicht ist unsere Realität ganz anders beschaffen, als wir bisher dachten?

Zusammenfassung von „Innere Mechanik":

- *Die erlebbare Realität hängt von den Gewohnheiten ab.*
  Unser Wille ist nur so frei, wie wir (freie) Entscheidungsmöglichkeiten haben.
- *Eine positive Grundeinstellung ist entscheidend, um ein Leben bewusst zu formen.*
- *Neue Denkmuster eröffnen den Zugang zum Wesenskern und zum Schöpferpotenzial.*
- *Schöpfung geschieht immer, ständig, bewusst oder unbewusst.*

Die Wissenschaft der Realität

Alles ist Energie

Alles, was ist, ist Energie.

In den verborgenen alten Schriften aus den Sarkophagen werden wir mit erstaunlichen Tatsachen konfrontiert, welche die heutige Wissenschaft erst wieder im Begriff ist zu entdecken. Gemeint ist die Anatomie der materiellen Realität, die sich im ureigensten Sinne nur durch die Terminologie der Eingeweihten der verschiedenen Zeitalter und Grade unterscheidet.

Die Erkenntnis derjenigen, die in der Antike in das Geheimnis eingeweiht waren, stimmt mit der modernen Quantenphysik überein:
Wir leben in einem Meer von Energie. Was fest zu sein scheint, ist tatsächlich eine Art Illusion. Eine bewiesene Illusion!
Jedenfalls ist die Welt nicht so, wie wir bisher meinten.

Ein anschauliches Faktum aus der Atomphysik:
Ein Elektron umkreist in einer milliardstel Sekunde eine Million mal seinen eigenen Atomkern mit Lichtgeschwindigkeit. Noch erstaunlicher ist aber dabei wiederum, dass das Atom selbst aus so gut wie nur gähnender Leere besteht. Aus Vakuum und ein bisschen Nichts.

Lassen Sie mich diese gewagte Aussage über die Realität der Materie an einem Beispiel verdeutlichen: Stellen Sie sich einfach die Kathedrale *Notre Dame* in Paris als ein einzelnes Atom vor. Schlagen Sie nun in Gedanken eines der Gesangbücher in diesem mächtigen Gebäude auf. Nehmen Sie nun einen beliebigen i-Punkt daraus ins Visier.

Dieser i-Punkt entspricht der Größe des einzelnen Atomkerns in seinem Verhältnis zum Gebäude (ganzes Atom). Das riesenhafte Gebäude entspricht der Ausdehnung des Atoms mit den lichtschnell kreisenden Elektronen, die dadurch eine feste Oberfläche „vortäuschen". Erstaunt?

> „Wer frei vom Joch der Dunkelheit sein möchte,
> der unterscheide zuerst das Materielle vom
> Nicht-Materiellen."
>
> *Smaragdtafel III*

Sie sehen: Nichts als leeres Vakuum! Unsere liebe Materie ist also so gut wie gar nicht vorhanden!

Das Vakuum ist dabei nicht leer, sondern angefüllt mit formbildender „Substanz": Myon-Neutrinos, Äther, Akasha, Felder, welche auf Gedanken ansprechen. Genauso wie es in den alten Schriften aus Jerusalem steht!

Man hat sich einmal die Mühe gemacht und ausgerechnet: Würde man aus dem ganzen Universum (das wir kennen) diese vermeintliche „Leere" entfernen, so hätte das gesamte materielle All nur noch die Größe eines gewöhnlichen Fußballs!

> „Materie ist gefrorenes Licht."
>
> *David Bohm*

Die Vorstellung von festen Atomen gilt eigentlich in den höheren Wissenschaften (Quanten- und Metaphysik) schon lange als völlig überholt. Heute betrachtet man ein Atom tatsächlich nur aus Energie bestehend, das innerhalb von (Informations-)Feldern schwingt. Nicht die Materie, sondern energetische Felder bilden also die Basis des Erscheinenden.

Auch der menschliche Körper ist in der Essenz kondensiertes, verdichtetes Licht. Unsere Körper bestehen aus Materie und somit nur aus der besagten Leere und formender (Gedanken-)Energie. Die Nahrung, die wir essen, besteht auch aus dieser Energie. Die gesamte uns umgebende Materie besteht nur aus Energie. Die Gedanken bestehen aus Energie. Bewusstsein ist Energie. Gefühle sind Energie. Vorstellung ist Energie. Alles ist Energie und unsere erlebte Realität besteht nur aus der beständigen Interpretation dieser Energien.

Alles ist nur eine Abstufung derselben Sache.

Gravitation, Magnetismus, Elektrizität, Photonen, das gesamte Lichtspektrum und letztlich die Materie selbst entspringen einer einzigen Quelle.

Alles besteht aus derselben einen Energie, nur unterschieden durch verschiedene Frequenzabstufungen, Dichte und fraktaler Beschaffenheit. Dabei ist Materie die dichteste und Gedanken die leichteste Energieform. Materie entsteht dabei durch einen Prozess der Verdichtung dieser Energien zu Teilchen oder Schwingungen!

Genauso wie Dampf, Eis und flüssiges Wasser immer nur Wasser sind, nur in verschiedenen Dichtegraden (Aggregatszuständen), so hat Materie einfach eine höhere, trägere Dichte als der reine Gedanke.

Unsere heutigen Solarzellen versinnbildlichen dies als ein technisches Abbild für die Abstufung aller Dinge: Denn sie wandeln Licht (Photonen) in Elektrizität (Elektronen). Sie transformieren also feine Energie in gröbere. Nach Albert Einstein kann Materie in Energie und Energie wiederum in Materie umgewandelt werden, da Materie nur eine besondere Erscheinungsform von Energie ist.

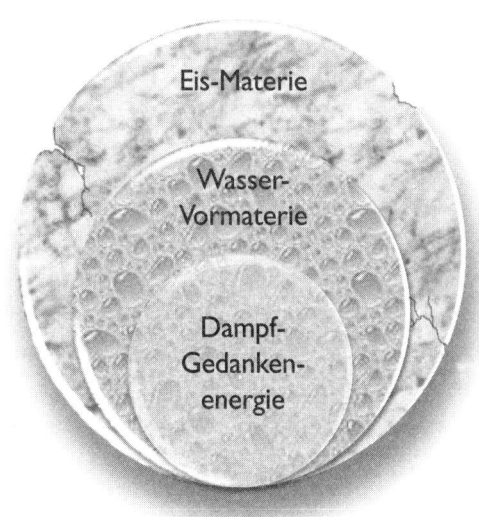

Die Dichtegrade der Realität

Unser Universum besteht in Wirklichkeit also aus reiner Energie. Die erlebte Realität besteht demnach nur aus unzähligen verschiedenen Energieformen.

Dabei hat Energie das etwas zwanghafte Bestreben, sich IN einer FORM zu manifestieren. Dabei folgt sie einem genau festgelegten energetischen Bauplan, geschaffen nur aus Gedanken. Diese unsichtbaren Baupläne aus purer Information sind es, die zu Materie werden!
Das bedeutet wiederum: Alles Erleben in dieser materiellen Welt geschieht allein in unserer Vorstellung! Materie wird real durch unsere Vorstellung und durch unsere Interpretation.

Wenn wir Materie so durchschauen, können wir leicht verstehen, wie Gedanken Dinge mittels des **Prinzips** erschaffen können. Denn schöpferische Energie speichert auf jeder Ebene Informationen. Egal ob als Welle, Teilchen, Materie oder sonstige Energieeinheiten. Alles spricht auf unsere Gedanken an.

Mit Ihren Gedanken und Worten erschaffen Sie sich Ihre tatsächliche Realität der Gesundheit oder der Jugend – oder das neue Auto.

> *„Unter und hinter dem Universum von Zeit,*
> *Raum und Wechsel kann man die substanzielle*
> *Wirklichkeit, die fundamentale Wahrheit finden."*
>
> Das Kybalion

Und so ist die Realität, die wir erleben, tatsächlich nicht viel mehr als eine recht willkürliche Interpretation unseres Gehirns, ein Verarbeiten von elektrischen Impulsen, vermittelt nur durch unsere fünf Sinne.

Dabei können unsere Augen das tatsächliche Ausmaß des „Energiemeeres" nur bruchstückhaft sehen. Tatsache ist, dass der Mensch fast gänzlich blind ist. Denn wir erfassen mit unseren Sinnen von dem gesamten bekannten Spektrum nur höchstens drei bis fünf Prozent. Wir sehen nur ganze 400 bis 750 Nanometer weit. Dies ist nicht viel mehr als ein Bruchstück des uns bekannten Kontinuums, welches vermutlich auch nur einen Bruchteil vom Ganzen darstellt.

Tatsächlich leben wir in einem gigantischen spektralen Energiemeer elektromagnetischer Wellen und sehen nur gerade das, was wir sehen und interpretieren wollen. Was das ist, bestimmt letztlich nur der Horizont des Verstandes im jeweiligen Bewusstsein.

> *Denn wisse, dass das, was Form hat,*
> *in Wahrheit formlos ist.*
> *Es hat Form nur in Deinen Augen."*
>
> Smaragdtafel VI

Das Universum ist ein bewusstes Universum. Es wird durch Bewusstsein erzeugt und erfahren. Die objektive Realität ist in Wirklichkeit nur eine Art real erscheinende „Illusion".

Das heißt zwingend: Das interpretierende Bewusstsein ist die einzige wahre Realität! Das ist der Punkt! Denn Bewusstsein existiert immer außerhalb der physikalischen Raumzeit. Dabei ist Bewusstsein kein Epiphänomen (Folge) der Materie, sondern (Ihr!) Bewusstsein selbst ist die Realität. Die erschaffende Realität!

Dies und die Quantentheorie widerlegen damit anschaulich den materialistischen Realismus nach Descartes. Erst der subjektive, beobachtende Geist (das Bewusstsein) lässt ein Objekt Realität werden. Bewusstsein existiert somit nicht aus der Materie heraus, sondern es ist das, was in der Tat die Materie erzeugt. Nicht das Gehirn erzeugt das Bewusstsein, sondern das Bewusstsein erzeugt das Gehirn!

Bewusstsein ist keine Folge der Materie, sondern Bewusstsein ist das, was Materie erzeugt. Das bedeutet nichts anderes, als dass in jeder Sekunde aus „nichts" (Energien) Materie entsteht, genauso wie es die Quantenphysik anschaulich postuliert.

Alles ist Energie. Diese Energie drückt sich in unzähligen Formen und Kombinationen aus. Es gibt nichts Erscheinendes, was nicht seinen Ursprung in einem Gedanken, also einer Information plus Energie hätte. Energie kann dabei nicht vernichtet werden, sie ändert nur allein durch Umwandlung ihre Form. Gedankenenergie wird also irgendwann immer feste Materienenergie!

Das bedeutet: Alles, dem wir gedanklich Ausdruck verleihen, wird!

Gedanken schaffen Wirklichkeit!

Unsere Gedanken sind der feine Dampf, welcher durch Bewusstsein auf der Fläche des Erscheinenden kondensiert. Feste Materie ist demnach erstaunlich metaphysisch und transzendent.
Erscheinendes ist also nicht einfach „Materie", sondern nur eine dreidimensionale Projektion davon. Man könnte auch sagen: Materie ist die Symbolik des/unseres Bewusstseins.

Faszinierenderweise bedeutet das, dass wir in Wahrheit durch unsere Gedanken Schöpfer unserer Umstände und unserer Realität sind! Das, was wir denken, ist das, was wir erschaffen. So einfach ist das. So hängt es allein von dem Konstrukt unserer Gedanken ab, was wir in diesem Energiemeer erleben, während wir fröhlich darin schwimmen.

> *„Das Glück Deines Lebens hängt von*
> *der Beschaffenheit Deiner Gedanken ab ..."*
>
> Marc Aurel

Realität ist Energie verschiedener Schwingung. Können wir die jeweilige Schwingung beeinflussen, beginnen wir unser Erleben bewusst zu kreieren – als Mitschöpfer mittels der Gesetze des **Prinzips**. Die entsprechende Zusammensetzung der Gedanken im Einklang mit dem Ur-**Prinzip** erzeugt letztlich die gewünschten Realitäten. Das entsprechende Denken hängt von unserer Erkenntnis ab, wie diese Realität eigentlich aufgebaut ist und was die Wissenschaft heute darüber weiß.

Physik, Quantenphysik und Metaphysik

> *„Das mächtigste Wesen auf diesem Planeten*
> *ist der menschliche Geist."*
>
> Meister Eckhart

Unsere Gedanken haben unglaubliche Macht. Wir sehen dies anschaulich daran, dass wir unsere gesamte vermeintliche Wirklichkeit dermaßen real vor uns haben und diese doch nur aus Gedanken, manifesten Informationen und verschiedenen Anordnungen von Energien besteht. Das Universum ist Bewusstsein und besteht aus Gedanken. Materie besteht aus Gedanken, aus unseren Gedanken!

Je weiter der Mensch forscht, desto erstaunlicher werden oft die Antworten. Während die alte traditionelle Physik, die moderne Quantenphysik und inzwischen die holistische Metaphysik in unserer kleinen Welt immer mehr das Rätselhafte entschleiert, scheinen die Rätsel doch immer mehr zu werden.

Nur das Vereinen dieser einzelnen Forschungsgebiete zu einem großen Ganzen bringt uns der letzten Antwort näher. Und wir entdecken dabei, wie wir selbst auf wundersame Art damit verwoben sind.

So erklärt die klassische Physik von Galileo über Newton die Naturgesetze als die Mechanik der Materie. Sie erfasst dabei die Moleküle und Atome der Stofflichkeit und ihre Gesetze.

Die Quantenphysik erklärt von Einstein über Planck bis Heisenberg bereits die Relativität von Materie. Sie erfasst die Energie der Stofflichkeit und dringt so weiter zum Geheimnis des Ganzen vor.

Die Quantenphysik ist zwar eine erstaunliche Wissenschaft, aber sie gibt uns keine Antwort auf das Leben selbst. Sie zeigt die Wirkungen und die Symptome der Wirklichkeit auf, bietet uns aber ihrer Natur gemäß keine Antwort auf die Frage, welche die Metaphysik für sich zum Gegenstand erklärt hat: Was ist die Antwort auf die letzte Frage? Was ist die Antwort auf alles?!

Nur im Zusammenspiel mit der Metaphysik vermögen wir letztlich die Energie hinter der Materie und somit das **Prinzip** richtig zu erfassen. Denn sie erklärt das Bewusstsein als Ursprung. Sie ist die königliche Wissenschaft der Mechanik und der Physik unserer Wirklichkeit.

Sehen Sie: Das Verhältnis von Physik, Quantenphysik und Metaphysik lässt sich an einer Uhr veranschaulichen – Physik steht dabei für das ablesbare Zifferblatt, die Quantenphysik steht für das innere Uhrwerk und die Metaphysik fragt dabei: „Was ist die Zeit?"

Seit Albert Einstein wissen wir, dank seiner allgemeinen Relativitätstheorie, dass sich alles in der materiellen Welt relativ zum sichtbaren Licht verhält. Selbst Raum und Zeit, welche ja früher als unveränderlich galten, sind nun eine Variable im Licht des Lichts und somit alles andere als konstant.

Nach der Relativitätstheorie ist die Geschwindigkeit des Lichts die einzige Konstante im gesamten materiellen Universum. Alles andere ist dazu relativ und variabel und nach den Erkenntnissen der Quantenphysik alleine vom Bewusstsein des jeweiligen Beobachters abhängig. Licht ist somit das Einzige im Universum, was wirklich in Beton gegossen zu sein scheint.

Alles was nicht Licht ist, wäre somit relativ. Relativ flüssig ...

> *„Materie ist flüssig und fließt in einem Strom.*
> *Ständig wechselnd*
> *von einem Ding zum anderen."*

Smaragdtafel IX

Das sichtbare Licht, Materie, Umstände – sie sind nur eine weitere sichtbare Wirkung und Abstufung dieser einen Konstanten, die ich das **Ur-Prinzip** nenne. Sie ist die Ursache von allem Erscheinenden, die immer in der Energie des Bewusstseins des Beobachters ihren Anfang hat.

Licht ist dabei der metaphysische Ausdruck (die Abstufung) des **Prinzips**, bestehend aus den sieben Spektralfarben. Jede Farbe beinhaltet dabei wiederum die Wirkung des Gesamten. Das Mysterium selbst ist dabei das Ur-Licht hinter dem Licht. Es ist das Licht des Bewusstseins – und das sind Sie!
Möchten Sie noch tiefer in das Mysterium des Seins eintreten?

Ist das Rätsel des Geheimnisses gelöst, wird die vermeintliche Realität zur absolut formbaren Wirklichkeit. Das geschieht durch die simple Änderung des Bewusstseins und der Sichtweise des jeweiligen Betrachters. Es ist nicht der Löffel, der sich biegt, es ist das Bewusstsein, das sich biegt!

Wenn wir uns mit dem einen **Prinzip** verbinden, „werden" wir selbst zu der absoluten Konstanten hinter der Materie. Dadurch wird das Universum relativ zu uns und muss sich unserer Sichtweise entsprechend verändern. Das führt zu der bahnbrechenden Erkenntnis: Jeder von uns ist in der Tat ein Schöpfer der Realität und wir selbst sind die wirkliche Ursache der Wirkung.

Wenn man weiß wie, ist das praktisch gar nicht so schwer...

Zur näheren Erklärung tauchen wir noch ein bisschen tiefer in die verrückte Quantenwelt ein:

Licht hat in unserer Welt der Polarität (dies ist das 7. geistige Gesetz), zwei Seiten. Eine Seite ist eine Art Stofflichkeit aus Teilchen (Photonen) und anderseits ist es zur gleichen Zeit eine Art Geist- oder Feinstoff, welcher jedoch Wellennatur besitzt.

Ein unmögliches Paradoxon, aber nur wenn man es ausschließlich mit der materialistischen Brille betrachtet.

In unserer sichtbaren Welt wird Licht als die Konstante betrachtet, da sich seine Geschwindigkeit nicht ändert, die immer exakt 299 792,458 Kilometer pro Sekunde beträgt. Die Geschwindigkeit mag dieselbe sein in all ihren Erscheinungsformen, doch die Frequenz, die Erscheinung des Lichts als Teilchen oder Welle, variiert dauernd.

Sehen Sie: Materie ist ja nur ein Ausdruck einer bestimmten Frequenz des Lichts. Denn auch feste Materie bewegt sich in Wirklichkeit unentwegt mit Lichtgeschwindigkeit (c), aber eben nur auf dem begrenzten „Raum" als jeweiliges Atom. Denn ein Elektron kreist immer mit c, also mit Lichtgeschwindigkeit, um den Atomkern.

Auch Raum und Zeit sind relativ zum Licht. Das bedeutet: Licht ist schnell, aber das Ur-Licht hinter dem Licht ist viel schneller; es ist überall! Wenn dieses Licht für Bewusstsein steht, so steht seine jeweilige erlebte Frequenz für die Informationen (Materie, Umstände), welche das Bewusstsein vermitteln.

Realität ist eine Halluzination,
die durch Entzugserscheinungen
hervorgerufen wird!

Diese angesprochene Doppelnatur des Lichts ist eine anerkannte und bewiesene Tatsache der modernen Naturwissenschaft. Belegt auch durch das Doppelspaltexperiment.[6]

Früher nahm man einfach an, Materie bestünde aus winzig kleinen Teilchen. Doch völlig unerwartet, verhält sie sich bei einem entsprechenden Versuchsaufbau nicht nur als Teilchen, sondern auch als Welle.

Beim ersten Versuchsaufbau verhält es sich noch wie das erwartete Teilchen:

Doppelspaltexperiment: Teilchen

Doch beim zweiten Versuch mit zwei Spalten verhält sie sich ganz plötzlich wie eine Welle mit den dafür typischen Auslöschungen und Interferenzen.

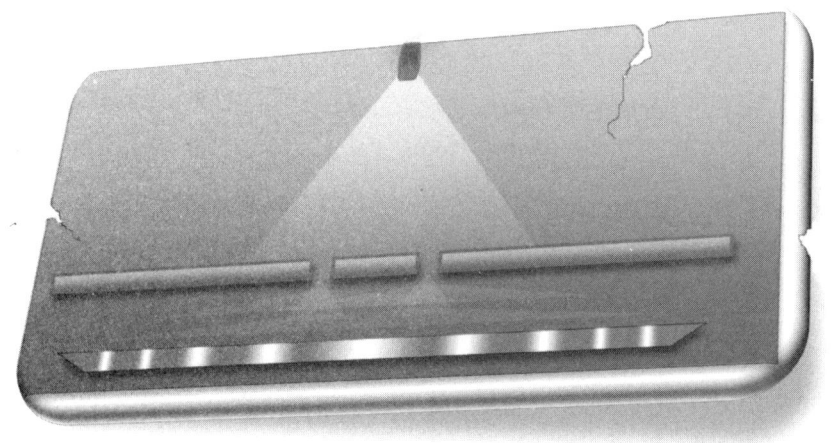

Doppelspaltexperiment: Wellen

Aber wie kann denn etwas Teilchen und Welle zur gleichen Zeit sein? Wie kann etwas im selben Moment wie eine Welle im Wasser sein und dabei gleichzeitig fest wie ein Stück Eis?
Die erstaunliche Antwort: Sobald wir hinschauen und erst dann, erstarrt die Welle und wird zum Materieteilchen.

Das nun sind die anerkannten Fakten aus der Quantenwelt:
Der Beobachter oder, genauer, sein jeweiliges Bewusstsein, hat eine Wirkung auf die Welle und lässt sie kollabieren. Auf diesem Weg entsteht ein Teilchen, also feste Materie.
Materie entsteht demnach, sobald wir hinschauen!

> *„Bevor es kein Ohr gibt, das lauscht,*
> *gibt es im Wald kein Geräusch."*
>
> Fred Alan Wolf, Quantenphysiker, Dr. rer. nat.

Die Quantenphysik hat einfach nur festgestellt, dass es Materie so eigentlich gar nicht gibt. Je weiter man in das Atom eindringt, desto weniger Stofflichkeit ist einfach tatsächlich vorhanden. Die Materie wird selbst zum Mysterium, welches sich letztlich anders verhält als nach dem materialistischen Weltbild angenommen wird.

Selbst der harte Atomkern an sich besteht, näher betrachtet, aus Protonen und Neutronen. Zoomt man noch weiter hinein in das Atom, so erscheinen uns die sogenannten Quarks, danach kommen nur noch die virtuellen Teilchen, welche erscheinen und wieder verschwinden. Woher und wohin, ist ungelöst, denn sie entstehen buchstäblich aus dem vermeintlichen „Nichts".

Dieses Nichts an „Materie" wird zum Erscheinen gebracht durch Einflüsse wie Gedanken.

Alles ruht, bis es in Erscheinung gerufen wird. An diesem Punkt beginnt der Übergang zur handfesten Metaphysik.

> *„Die Form ist leer*
> *und die Leere ist Form."*
>
> Siddharta Gautama

Materie ist eigentlich nur eine Symbolik. Eine Symbolsprache und Ausdruck von etwas Höherem, wie Bewusstsein.

Materie ist also weder wirklich stofflich, noch ist sie nur eine Illusion, sie ist/wird einfach nur real durch unsere Gedanken und deren abgelegte Gedankenkonstrukte (siehe Glossar: morphogenetische Felder).

Materie ist ihrem Wesen nach höchst virtuell. Wir wachsen eigentlich nur mit der Vorstellung von Materie auf, sie ist nur angewöhnt. Nur allein mittels unserer fünf Sinne (wenn wir „hinschauen") erfahren wir diese Welt.

Alles, was der Mensch von der externen Welt weiß, wird ausschließlich durch die fünf nach außen gerichteten Sinne mitgeteilt. Unsere Augen übermitteln dabei nicht mehr als die elektrischen Signale der uns umgebenden elektromagnetischen Welt und deren Spektren. Dabei „sieht" nicht das Auge (die Optik), sondern wir sehen ausschließlich mit unserem interpretierenden Gehirn.

Letztlich ist alles Erleben nichts anderes als elektrische Signale und die Interpretation der elektromagnetischen Wirklichkeit unserer Welt mittels des Gehirns.

Wenn es sich so verhält, wer interpretiert da, wenn auch das Gehirn selbst nur aus elektromagnetischer „Substanz" besteht?
Ganz offensichtlich der Geist oder das Bewusstsein.

Wir kommen also zu der gewichtigen Annahme: Wir sind nicht in einer materiellen Welt, sondern die materielle Welt ist in uns!

> „Da draußen passiert überhaupt nichts.
> Es passiert alles hinter Deinen Augen."
>
> Dr. Irving Oyle

Wenn wir nun die Quantenphysik hinter uns lassen und die Grenzen zur Metaphysik weiter verschwimmen, verstehen wir die Teilchen-Wellennatur des Lichts weit besser. Dann stellt es plötzlich kein Problem mehr dar, dass Licht zur selben Zeit ein Teilchen und gleichzeitig eine Welle sein kann.
Diese Doppelnatur des Lichts spiegelt sich auch in der Beschaffenheit der Materie wider, die uns umgibt. Materie wird in der Quantenphysik auch gerne treffend als Materiewellen[7] bezeichnet oder auch als Welle-Teilchen-Dualismus. Materie ist demzufolge, genauso (!) wie das Licht, zur gleichen Zeit eine materielle Stofflichkeit und aber auch seltsamerweise eine mysteriöse und formbare Geiststofflichkeit.
Materie und Licht sind somit eigentlich nur die zwei Varianten oder Zustände einer einzigen Sache. Sie sind beide eine Form von Energie. Der Unterschied besteht nur in seiner jeweiligen Dichte und beide Zustände stehen in Wechselwirkung zum Bewusstsein des Betrachters.

Je nach den EEG-Frequenz-synchronen Hemissphären des Betrachters wird Materie zu einer variablen Struktur und liquiden Masse. Sie ist bei weitem nicht so starr wie man sich einbilden könnte. Wir formen schließlich ständig die Welt um uns herum und nehmen diesen Vorgang doch nicht wahr. Wäre das nicht so normal und alltäglich, wären wir mehr als erstaunt über unsere Fähigkeiten!

> *„Die Fische werden das Wasser*
> *wohl als letztes entdecken."*

Albert Einstein

Mit anderen Worten: Das Licht, das wir mit den Augen wahrnehmen und welches den Tag erhellt, ist einfach eine andere Form des Lichts, das wir zum Beispiel in Form eines Stuhls anfassen können.
Die Konstante Licht ist aber wiederum eine Folge des Bewusstseins. Das **Prinzip** ist dabei die Offenbarung des Bewusstseins in seiner Reinform und das eigentliche Licht hinter dem sichtbaren Licht.
Alles besteht immer zuerst aus Licht, ist durch den kleinsten Gedanken formbar und wird durch Einschwingen in eine bestimmte Frequenz letztlich zur Materie – einer Verdichtung aus der Lichtenergie und Gedanken. Gedanken schaffen also Wirklichkeit!

> *„Es ist absolut möglich,*
> *dass jenseits der Wahrnehmung unserer Sinne*
> *ungeahnte Welten verborgen sind."*

Albert Einstein

Seit dem Aufkommen der Relativitätstheorie und der Quantenphysik wissen wir, dass Materie und Energie eigentlich ein und dasselbe sind, nur in unterschiedlichen „Aggregatzuständen". (Nach $E=mc^2$ enthält ein Gramm Materie 25 000 000 kW!). Materie nach der Poesiesprache der Quantenphysiker ist schlicht ein Energieäquivalent im Feldraum.

Materie verhält sich zu Licht wie Wasser zu Dampf.

Oder wie es Max Planck ausdrückte:

„Es gibt keine Materie an sich!
Geist (das ist das Bewusstsein, siehe Gesetz 1) ist der Urgrund der
Materie! Nicht die sichtbare, aber vergängliche Materie ist das Reale,
Wahre, Wirkliche, sondern der unsichtbare, unsterbliche Geist ist das Wahre!
So sehen Sie, meine verehrten Freunde, wie in unseren Tagen, in denen man
nicht mehr an den Geist als den Urgrund aller Schöpfung glaubt und darum
in bitterer Gottferne steht, gerade das Winzigste und Unsichtbare es ist, das
die Wahrheit wieder aus dem Grabe materialistischen Stoffwahns heraus-
führt und die Türe öffnet in die verlorene und vergessene Welt des Geistes."

Max Planck

Jeder gedachte Gedanke hat eine bestimmte ausgesandte Frequenz
und zieht alles, was ihm auf seiner Reise mit derselben Frequenz
begegnet, magnetisch an. Jeder Gedanke, den wir aussenden, findet so
seine Entsprechung in der Materie und den Umständen und zieht sie
unweigerlich zu uns. Egal, worum es sich dabei handelt: Partnerschaft,
Finanzen, Gesundheit, Kindererziehung usw. An diesem Vorgang sind
die insgesamt 7 metaphysischen Gesetze beteiligt (siehe Erläuterung in
Teil 2).

Gedanken werden immer wahr. Es gibt nicht einen einzigen Gedanken,
der nicht schöpferisch wäre. Gedanken erschaffen Realität. Immer!
Das ist ein absolutes Gesetz.
Und Bewusstsein/Geist ist der Anfang eines jeden Gedankens.

Das **Prinzip** ist die Substanz und der zentrale Kern eines jeden Bewusstseins. Das **Prinzip** ist der absolute ultimative Wesenskern allen,
allen Seins. Wir alle sind in unserem Wesenskern dieses eine Bewusstsein und teilen uns im Spiel der Materie in Individuen auf. Scheinbar.
So wie Licht von Materie über Röntgenstrahlen bis zu den Gamma-
strahlen die verschiedensten Frequenzen in sich trägt, so unzählig viele
Ebenen besitzt das „Dahinter".

Der jeweiligen Verdichtung von Licht zu Materie geht immer die eigene Bewusstseins-Grundfrequenz voraus. Genauer gesagt, können wir deshalb nur das denken, erschaffen und manifestieren, was wir in uns selbst schon sind.

Das Bewusstsein ist der Beobachter. Bloße Gewohnheit ist der Verlust der Beobachtung und somit auch des freien Geistes. So ist es nur logisch, dass wir nur zu dem entsprechenden Bewusstsein kommen müssen, um schöpferisch zu sein.

Die Frequenz unseres Bewusstseins bestimmt als Folge die Frequenz unserer Gedanken und somit unsere erlebte, wenn auch „virtuelle" Realität. Allein aufgrund dieser Frequenzen erfahren wir diese Welt. Es hängt also mit davon ab, was und wie weit wir denkend entsprechend schöpferische Informationen aussenden.

Wir können lernen, die Informationen, die in Materie gekleidet sind, durch neue Informationen zu verändern, die in Gedanken, Gefühle und Worte gekleidet sind. Denn Energie ist dem Wesen nach immer an einen Energieträger (Gedanken, Gefühle, Bilder, Informationen) gebunden.

Die Welt des Erscheinenden gleicht, je weiter man forscht, einer holographisch virtuellen Wirklichkeitsdarstellung, die durch unsere Gedanken und damit durch unser Bewusstsein gesteuert wird.

Das Leben ist wie ein Film und Sie sitzen im Regiestuhl!

Bewusstsein erzeugt einen Gedanken. Dieser Gedanke erzeugt morphogenetische Felder aus einer Auswahl an Wahrscheinlichkeitswellen. Was das bedeutet, erklärt das folgende Kapitel.

Wahrscheinlichkeitsfelder

„Jeder Augenblick des Geistes
bedingt den nächsten."

Das Wichtigste, das wir besitzen, ist die mächtige Gedankenkraft, mit welcher wir die Gedankenformen erschaffen (so die Schriften aus den Sarkophagen). Jeder einzelne Gedanke, der gedacht wird, besitzt eine wahrhaft schöpferische Kraft. Mit diesem Geheimnis der Eingeweihten halten wir einen mächtigen Schlüssel in der Hand.

Nach dem gefundenen geheimnisvollen Wissen ist der gesamte Kosmos erfüllt mit strukturierten „Teilchen", auch Akasha und später Äther genannt. Heute lauten die wissenschaftlichen Vokabeln dafür Myon-Neutrinos, Wahrscheinlichkeitsfelder oder -wellen, oft auch morphogenetische Felder (also Informationsfelder) genannt.

Auch diese sind nur Abstufungen voneinander, ganz gemäß den Gesetzen.

Die erstaunliche Tatsache ist, dass unser gesamtes zukünftiges Erleben auf sogenannte Wahrscheinlichkeitsfelder zurückzuführen ist. In der Quantenphysik nennt man ein Wahrscheinlichkeitsfeld auch eine Wahrscheinlichkeitswelle. Dies bestätigt die Unschärferelation nach Heisenberg (siehe Glossar).

Das bedeutet: Alle Wahrscheinlichkeiten liegen als unzählige Entscheidungsmöglichkeiten in einem unscharfen (Auswahl-) Bereich vor uns. Jede unserer Entscheidungen für eine dieser Möglichkeiten aus dem Pool der Wahrscheinlichkeitsfelder manifestiert dann unsere erlebte Realität. Durch die Auswahl und Entscheidung für eine der Wahrscheinlichkeitsmöglichkeiten wird die jeweilig gewählte Möglichkeit in der Materie „scharf geschaltet" und damit zum Erlebnis.

Quantenphysik am praktischen Beispiel:
Wir betreten ein Haus durch die Eingangstür. Wir erleben dahinter den Raum, mit allem darin. Danach öffnen wir aus der Auswahl der Türen in diesem Raum eine Tür. Wir treten wiederum durch die gewählte Wahrscheinlichkeits-Tür in einen anderen Raum, erneut mit einer Auswahl an Türen. Wieder entscheiden wir uns, oft in Sekundenbruchteilen, für eine Möglichkeit und öffnen eine weitere Tür. Dahinter entstehen andere Auswahlmöglichkeiten und neue Türen. Jede Tür birgt dabei ein Erleben.

Durch das Entscheiden für eine Tür schalten wir in diesem einem Moment die bestimmte Realität hinter der jeweiligen Tür scharf und es entsteht Wirklichkeit. So die aktuelle Quantenphysik.

In der Quantenphysik nennt man diesen Vorgang den „Kollaps der Wellenfunktion". Da aus der Materiewelle (Tür) plötzlich ganz mysteriös ein Materieteilchen (Raum) wird. Dies passiert in Wirklichkeit dauernd. Auch jetzt, in diesem Moment, während Sie dies lesen. (Sie schalten dieses Buch scharf!)

Materiewellen bewegen sich so innerhalb von Wahrscheinlichkeiten. Wahrscheinlichkeitsfelder stehen dabei in enger Verbindung zu einer Art „Vormaterie", wie ich es nennen möchte. Unsichtbar, aber doch bereits vorhanden in Form einer Energiematrix. Diese ist ein Bauplan aus noch unsichtbarer und dennoch bereits strukturierter Gedankenenergie. Gedanken sind der Urstoff der Materie im jeweiligen Wahrscheinlichkeitsfeld. Die Vormaterie besteht also nur aus der Vorstellung über die Materie.

Träumen ist das Denken in Möglichkeiten,
das Weben von Wahrscheinlichkeitsfeldern.

Die von Rupert Sheldrake erforschten morphogenetischen (Informations-)Felder (siehe Glossar) stehen in enger Beziehung zu den quantenphysikalischen Wahrscheinlichkeitsfeldern und den Materiewellen. Sie lassen so auch nähere Rückschlüsse auf die Wahrscheinlichkeitsfelder zu. Sie sind wie Bruder und Schwester.

Man könnte sagen, morphogenetische Felder sind eher statisch und schon abgeschlossen. Wahrscheinlichkeitsfelder sind dagegen eher dynamisch und noch offen. Ein morphogenetisches Feld enthält alle Informationen von dem, was es umgibt, und alles Materielle wird von so einem Feld umschlossen.

Wahrscheinlichkeitsfelder hingegen sind eine noch aufgefächerte dynamische Auswahl an zukünftigen morphogenetischen Bauplänen. Das heißt, die einen warten noch auf eine (unsere) Entscheidung und die anderen (statischen) wurden bereits entschieden. Und wer trifft die jeweilige Entscheidung? Natürlich das Bewusstsein!

Es formt dabei dauernd durch seine jeweilige Frequenz, und den daraus resultierenden Gedanken ein morphogenetisches Feld aus der Auswahl der Wahrscheinlichkeitsfelder. Diese verdichten sich weiter zu Vormaterie und zuletzt zu sichtbarer Materie.

Der Gedanke ist der Beginn der Materie.

Spüren Sie die Faszination, die von diesem Geheimnis ausgeht?
Egal, worum es sich handeln mag, wir können es erschaffen, und die Quantenphysik war so freundlich, uns das auch noch zu beweisen.
Was etwas kompliziert wirkt, macht jeder von uns dauernd mit jedem Atemzug und ist demzufolge nur in der Theorie nicht so leicht nachzuvollziehen.

Um die Entstehung der Materie kurz zusammenzufassen:

Diese Abfolge geschieht (noch!) gänzlich unbewusst und liegt so außer Reichweite unserer Kontrolle.

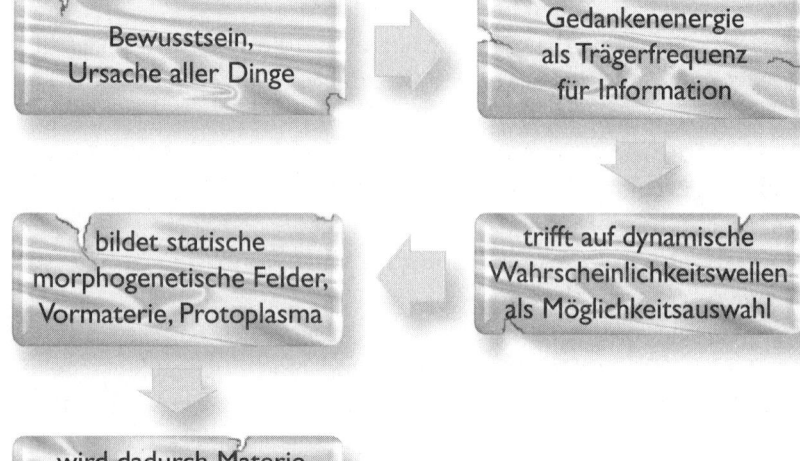

Bewusstsein schafft Materie

Materiewellen zeigen sich erst dann als Materieteilchen, wenn ein Beobachter beobachtet (dynamisch) und damit in Folge eine Blaupause des Gedachten (statisch) entsteht.

Materie ist dieser seltsame Zustand der seinen Ursprung in einem Gedanken hat.

Ein faszinierender Erlebnisbericht verdeutlicht dies:
Ein Mann namens William Buhlman hatte ein ungewöhnliches Problem: er rutschte einfach aus seinem Körper und „sah" dann seinen Körper als außenstehender Betrachter. Das geschah bei vollem Bewusstsein. Zu Anfang war es ein Schock, da Buhlmann meinte, gerade gestorben zu sein. Er entdeckte aber rasch, dass er jederzeit zurück in seinen Körper konnte. Neugierig erkundete er diese neue Welt und berichtet dabei von erstaunlichen Erlebnissen.[8]

Er bestätigte durch folgendes Erlebnis auch die morphogenetischen Felder und die Vormaterie, die, – man beachte, – aus Gedanken geformt werden:
Eines Tages passierte es wieder. Buhlman befand sich außerhalb seines Körpers. Er „ging" in sein Wohnzimmer und bemerkte dort eine ungewöhnliche Vase auf dem Tisch, die er zuvor noch nie gesehen hatte.

Zurück in seinem Körper, schaute er im Wohnzimmer nach der Vase. Doch Fehlanzeige! Es gab keine Spur von der mysteriösen Vase. Buhlman tat das Erlebnis als Einbildung ab.
Zwei Wochen nach diesem Zwischenfall glaubte er seinen Augen nicht zu trauen, als er im Wohnzimmer plötzlich genau die besagte Vase entdeckte.

Auf der Suche nach einer Erklärung befragte er seine Frau. Sie erwiderte: „*Diese Vase wollte ich schon seit Wochen haben und heute habe ich sie mir endlich gekauft.*"
Erstaunlich, nicht wahr?

Denken wirkt,
denn Gedanken werden Wirklichkeit.

Die Vorstellungskraft von Buhlmans Frau erschuf demnach die Vase im Wohnzimmer bereits vor dem Kauf – im sogenannten morphogenetischen Feld als eine Realitätsmöglichkeit aus einem Wahrscheinlichkeitsfeld (Wunsch). Sie wurde dort für William Buhlman, als er außerhalb seines Körpers weilte, bereits als Vormaterie sichtbar, während die Vase aber noch ganze zwei Wochen lang in der materiellen Welt unsichtbar blieb.

Dies ist ein Beleg für verdichtete Licht-/Gedankenenergie! Unsere Gedanken haben eine astrale Kraft, sie verändern in jedem Augenblick die unsichtbare morphogenetische Welt.

Der Gedanke oder die Vorstellung erschafft demnach ein (noch) nicht-physisches Muster im Unsichtbaren – eine Energiematrix, gewoben nur aus Gedanken. Wird daran festgehalten, wird diese sichtbar.

Die drei Zustände der „Materie" sind demnach:
- Gedanke
- Vormaterie
- und zuletzt: feste, sichtbare Materie

Wir sehen nun, welch unfassbare Möglichkeiten mittels des Geheimnisses auf uns warten.

Nicht, weil es unmöglich ist, wagen wir es nicht,
sondern weil wir es nicht wagen, ist es unmöglich!

Nun wissen wir, dass wir ständig von unserem Unterbewusstsein „gelebt" werden. Was wiederum bedeutet, dass wir nur das erleben können, was in uns schon als unbewusste Wahrscheinlichkeitsmöglichkeit abgespeichert ist. Wir können aber nur das abspeichern, was uns bewusst ist. Und wir können nicht mehr wahrnehmen als das, was in uns schon an Bewusstseinsumfang in Form von durch den Verstand zensierten Informationspaketen (Gewohnheiten) vorhanden ist. Alles andere nehmen wir genauso wenig wahr, wie wir Radiowellen oder Infrarotstrahlen wahrnehmen.

Unsere Realität besteht nun also aus unserer eigenen Begrenzung Dinge zu sehen, die zwar real existieren, aber keine bewusstseinsmäßige Entsprechung in uns haben.
Ohne das entsprechende Bewusstsein gibt es keine neuen Möglichkeitsalternativen, Wahrscheinlichkeitsfelder oder „Vasen".

Du kannst nur so frei sein
wie Du Dich selber nicht beschränkst.

Das Leben ist wie ein Fächer mit unendlich vielen Entscheidungsmöglichkeiten. Folgen wir einem Segment des Fächers, eröffnen sich durch eine neue Auffächerung wieder unzählig neue Möglichkeiten und Wahrscheinlichkeitsfelder. Und je nach unserer Grundstimmung, positiv oder negativ/gleichgültig, erfahren wir unsere Umwelt.

Eine Auswahl aus den Wahrscheinlichkeitswellen könnte bildlich etwa so aussehen:

Wahrscheinlichkeitsschaum

Vom Aufbau her sind diese Wahrscheinlichkeitsfelder mit Schaumblasen zu vergleichen. Nennen wir es einfach Wahrscheinlichkeitsschaum: Jede Blase, in die wir einsteigen, eröffnet uns durch den Kontakt mit den nächsten Blasen unzählige neue Blasen und somit unzählige neue Erlebnismöglichkeiten. Wir können aber dabei nur die Blasen erleben, für die wir auf Grund unseres Bewusstseins „magnetisch" (resonanzfähig) sind.
Dies ist der quantenphysikalische Effekt des Beobachters, welcher aus einer Vielfalt unterschiedlicher Möglichkeiten sich für eine jeweilige

Möglichkeitsrealität entscheidet und sie dadurch in diesem Moment erschafft. Diese Möglichkeit wird dadurch auf der Zeitachse für uns sichtbar.
Der Zusammenbruch der Wellenfunktion ist also die Erschaffung der Materie mittels des Beobachters.

Der Metaphysiker ist damit aber noch nicht zufrieden und fragt, was denn DAS dahinter genau ist, das diese Kraft hervorbringt. Vielleicht fragen Sie sich: „Wer zum &%§"$%! ist denn dieser mysteriöse Beobachter?"

Ab hier wird es spannend, geht es doch letztlich um die Frage „Wer bin ich?"
Doch diese Frage ist falsch gestellt, sie müsste heißen: „Wer war ich, bevor ich das wurde, was ich heute meine zu sein?"

Die Antwort darauf verändert alles. Dieser heißen Spur, die uns zur letzten Entschlüsselung des **Prinzips** führt, folgt in Teil 2 dieses Buches.

Zusammenfassung von
„Die Wissenschaft der Realität":

- *Alles, was ist, ist Energie. Energie ist umwandelbar und verändert ihre Form durch aktive Information.*
- *Das Mächtigste ist unsere Gedankenkraft. Gedanken sind der Urstoff der Materie.*
- *Materie ist relativ zum **Prinzip**.*
- *Alle Wahrscheinlichkeiten sind möglich und ausschließlich abhängig vom (Blickwinkel-) Bewusstsein des Beobachters.*
- *Bewusstseinserweiterung vergrößert das Wahrscheinlichkeitsspektrum.*

6 Warum, wohin, wozu?

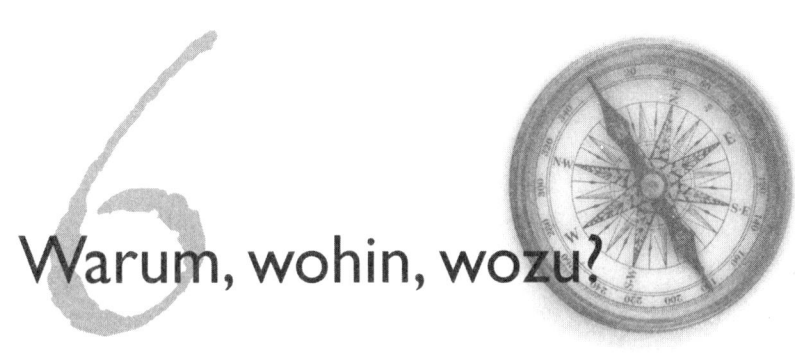

Leid und Identifikation

„Beginne jeden Tag, als wäre es Absicht."

Will Smith in dem Film „Hitch"

Man mag nun fragen, warum es dann überhaupt so viel Leid gibt. Was ist der Zweck des Leids?

Leid entsteht durch viele verschiedene Gegebenheiten und doch ist die Ursache dahinter nur eine einzige. Diese eine Ursache für das Leid finden wir nur durch die Erfahrung des Leids selbst. Dann nämlich, wenn daraus die Erkenntnis erwächst, dass Leid nicht unsere dauerhafte Stimmung sein kann.

Wir wissen nicht, weshalb wir Leid ertragen müssen, und zwar so lange, bis wir fragen „WARUM?" und dabei offen sind für eine ehrliche Antwort.

Krisen sind Chancen.

Leid ist der uns innewohnende Mechanismus, welcher uns an unser wahres „Zuhause" erinnert. Es weckt den Wunsch nach uns SELBST. Erleuchtung beginnt mit einer Frage. Franz von Assisi und Buddha zum Beispiel fanden ihre Erleuchtung durch die Frage nach dem Sinn des Leides.

Leid hat also eine wichtige Funktion. Es schenkt Erfahrung und schenkt Heimweh. Außerdem hält es uns in einer gewissen süßen Unzufriedenheit. Das Leid beschildert uns so unseren Heimweg, über jeden Tod, den man sterben könnte, hinaus.

„Lass Dich niemals durch die Umstände
Deines Lebens beherrschen. Erschaffe immer
perfektere Ursachen und mit der Zeit wirst
Du eine Sonne des Lichts sein."

Smaragdtafel XI.

Leid wird nur durch die Dualität (die Trennung) erfahren und es gibt nur eine Möglichkeit, diese hinter sich zu lassen und aufzulösen: durch Verbinden.

Erst in der Einheit der Identifikation und der Verschmelzung mit dem wahren SELBST, dem göttlichen Kern in uns, erlösen wir uns selbst von der Trennung der Dualität, welche die Ursache allen Leids ist. Wir machen aus den zwei vermeintlichen Gegensätzen der Dualität nach den ewigen Gesetzen wieder Eines und kehren so zurück in die Harmonie unseres Anfangs.

Die Dualität ist der tragende Grundpfeiler der ganzen materiellen Illusion, der Matrix des Systems. Darin wurzelt die verhängnisvolle Unterscheidung zwischen Gut und Böse, Schwarz und Weiß. Dies aber ist der Anfang jeder Trennung der Einheit und somit die Mutter aller Disharmonie.

Die ständige Identifikation mit dem Scheinselbst und dem Papiertiger-Ego ist die einzige Triebfeder der Dualität. Stirbt man den Tod des Ego, ist die Auferstehung des göttlichen Kerns unausweichlich.

Das Erkennen unseres wahren SELBST und das Verwirklichen unseres göttlichen Wesenskerns befreien uns aus dieser Trennung. Dies lässt uns unweigerlich in das Antlitz der einen Wahrheit schauen und wir erkennen so letztlich unsere Einheit.

„Wer mich gesehen hat, hat den Vater gesehen."

Jesus von Nazareth

Das **Prinzip** ist die absolute Einheit.
Die Anhaftung an der Materie, welche uns diese Wahrheit verschleiert, kann man auf zwei Wegen überwinden. Entweder durch Entsagung, ganz wie es ein Mönch oder ein indischer Sadhu praktiziert. Oder aber einfach durch das Erfüllen der Wünsche und Bedürfnisse. Beides ist legitim und beide sind eine Herausforderung.

Wünsche müssen erfüllt werden, da sie uns ansonsten unnötig an die Materie binden und wir nach der Melodie der Täuschung tanzen. Indem wir aber alle unsere Wünsche erfüllen, kommen wir früher oder später unweigerlich in einen Zustand, in dem wir mehr als nur das Äußere suchen. An diesem Punkt beginnen wir nach der Erfüllung höherer Wünsche, die dem Ganzen dienen, zu fragen.
Denn wenn uns der Geschmack der illusorischen Materie fade geworden ist, zieht es uns von ganz allein zur höchsten Erfüllung. Darum ist es für unsere Entwicklung entscheidend, dass all unsere vermeintlich wichtigen Wünsche erfüllt und wir wunschlos glücklich sind.
Darum können wir uns völlig frei fühlen, jedem uns angemessenen Wunsch eine Erfüllung zu schenken und ein Dasein zu erfahren, welches irgendwann zwar wie Eis langsam in der Sonne schmilzt, aber unfassbar köstlich sein kann!

Wir erfahren also letztlich Freiheit von der Herrschaft der Materie und des Leids durch das Erfüllen unserer Wünsche, indem wir schlicht erkennen, wie wir Materie mittels des **Prinzips** manipulieren und wie wir sie, über ihr stehend, herrschen können.
Genau deshalb müssen Wünsche erfüllt werden und nur darum werden wir heute in dieses Mysterium eingeweiht.

Es ist nur ein Traum, den wir Realität nennen.

So ist Leid also nur Ausdruck einer verirrten Identität, eines Schattenbewusstseins. Doch ist Leid auch nur eine weitere Abwesenheit von Licht. Allein der Lichtschalter des inneren Erkennens unserer persönlichen Wahrheit behebt dieses Problem sehr effizient.

Es gibt für Leid ein sehr schönes Bild.
Jede kostbare Perle hat ihren bescheidenen Anfang in einem einzelnen kleinen Sandkorn. Dieses kleine störende Fremdkörperchen wird von der Muschel immer wieder mit einem Sekret ummantelt. Stück für Stück, Jahr um Jahr, Schicht für Schicht, um nach einigen Jahren eine kostbare Perle zu werden. Ohne das Sandkörnchen Leid könnte aber die wundervolle Perle nicht entstehen.
Durch Leid kommt die Perle der Erkenntnis. Doch wer schon von sich aus hungrig nach der wahren Natur der Dinge ist, erspart sich unnötiges Leid. Nur die innere Erkenntnis des Verborgenen vermag das Leid aufzulösen.
Alles Leid dieser Welt beruht auf der Missachtung der geistigen Naturgesetze. Die Naturgesetze funktionieren ähnlich unserem Schulsystem. Man muss nicht lernen. Aber mit schlechten Zensuren wiederholt man so lange, bis man es gelernt hat.

Letztlich aber wandelt sich jedes Leid irgendwann in Licht.

> „Wer im Dunkeln sitzt,
> zündet sich einen Traum an.“
>
> *Nelly Sachs*

Was wir aussenden, kommt zu uns zurück

> Die Umstände sind der Spiegel
> unserer ehemaligen Gedanken.

Das Leben gleicht einem Bumerang oder einem Echo. So sicher wie das Echo in den Bergen, ist das Widerhallen dessen, was wir aussenden. Jemand, der mutig genug ist, seine Gedanken für ein paar Tage oder länger zu beobachten, wird in der Regel erschüttert feststellen müssen, dass das, was er damit ungeprüft und gewohnt ausgesendet hat, eine Erklärung für die Lebensumstände sein kann, in denen er sich derzeit befindet.

Wenn alles, was wir denken und aussprechen, eine Wirkung magnetischer Art hat, wäre es doch gut, sich einen passenderen Wortschatz zuzulegen.

Jemand, der in einem Restaurant eine Pizza bestellt, bekommt mit Sicherheit die gewünschte Pizza und nicht etwa Tortellini oder Lasagne. Es bringt nichts, wenn man über das schimpft, was man da erntet. Im Gegenteil. Der laute Nachbar, die unmöglichen Arbeitskollegen und Umstände, die man erlebt, sind nur deshalb das, was wir ernten, weil wir es auch so ausgesät haben. Wir haben das erschaffen!

Das, was wir __sind__, senden wir aus;
was wir aussenden, kommt zu uns zurück.

Darum ist es wichtig, dass wir uns bewusst machen, was wir ständig „bestellen". Unsere Gedanken und Worte, unsere Gefühle dabei, der Ton, unsere Körperhaltung und Mimik – all dies gleicht einem Sender mit einer klaren Botschaft für das vermeintliche „Schicksal".

Der Gedanke von gestern ist die Wirklichkeit
von heute und morgen.

Wir bringen unseren Kindern bei, still zu sitzen, und passen auf, dass sie nicht in schlechte Gesellschaft geraten. Wie viel mehr sollte man dann auch auf seine Gedankenkinder aufpassen, damit sie nicht verwildern.

Unsere Gedanken sind wie Samen, die wir aussähen. Die Worte gleichen der Erde, in der sie wurzeln und unsere Gefühle sind das Wasser, mit dem wir sie gießen. Der Garten unserer derzeitigen Existenz ist unser eigenes Resultat und liegt in unserer Verantwortung. Dieser Garten unseres inneren Gemüts ist überaus pflegeleicht, wenn man die Regeln kennt. Unsere neuen Gedankengewohnheiten werden zu unseren neuen tüchtigen Gärtnern des Geistes, während wir uns selbst dabei angenehm entspannen können.

Zur Erinnerung: Das **Prinzip** ist Leichtigkeit und nicht Schweiß!

Man wird zu dem, was man tut, was man betrachtet, über was man spricht, was man denkt und auch über was man schimpft. Darum ist es so wichtig, seinen Fokus auf das zu richten, was man gerne hätte und nicht auf das, was man nicht will!

Sprich nur Gutes,
denk nur Gutes und entspann Dich,
so kommt das Gute gerne in Deine Nähe.

Ist der Schlüssel also positives Denken?
Jein. Was zählt, ist eine stabile positive Grundeinstellung, die dem inneren Wesenskern entspringt. Ein nur oberflächliches positives Denken genügt nicht. (Ein Buch darüber zu lesen, ist vergänglich, es aber zu sein, ist unvergänglich.)

Eine <u>dauerhafte</u> positive Grundeinstellung erwächst aus dem entsprechenden neuen Programm des Unterbewusstseins, der Synchronisierung der Gehirnhälften und der damit verbundenen Gedanken- und Hirnfrequenz, der „Wunschfrequenz".

Nicht denken, wissen.

Positives Denken muss durch Erkenntnis und Bewusstsein zu positivem Wissen werden, was weit über die Möglichkeiten von etwas zu „glauben" hinausgeht. Dieses intuitive Wissen kommt aus dem Wesenskern, wo das SEIN, genauer das „*Ich Bin*", seinen Sitz hat. Dies ist die Offenbarung des **Prinzips**.

Wissen aus dem SEIN heraus befreit den Geist und ein freier Geist ist an nichts gebunden und durch nichts beschränkt. In diesem Zustand sind weder Mangel notwendig noch Leid.
Die tiefe Erkenntnis des letzten Geheimnisses vereint uns mit der Quelle und lässt uns als Meister des Lebens über die Materie herrschen.

Der Sinn und das Spiel der Materie

Wir können nicht lernen,
das täuscht nur.
Wir können uns nur erinnern.

Der Sinn der Materie ist es, uns eine einzigartige Plattform zu geben, um etwas Bestimmtes zu lernen. Doch ist Lernen nicht genau das, was es trifft. Auf der „Spielwiese Gottes" lernen wir nicht, wir erinnern uns nur! Stellen Sie sich einen Menschen vor, der jeden Tag beim Aufstehen den vorherigen Tag vergessen hat. Seine ganze Identität wäre mit der allabendlichen Dusche wieder weggespült worden. Jeden Tag fragt er sich, wer das im Spiegel ist und wessen Klamotten er da gerade trägt. Und an jedem Tag quält ihn die Frage, wer er ist und woher er kommt und weshalb er sich ständig den Zeh am Regal in einer unbekannten Wohnung stößt (Leid).

Doch eines Tages wird er etwas spüren, sich ruhig hinsetzen und versuchen, sich an etwas zu erinnern. Dabei kommt mehr und mehr ans Licht, bis er endlich weiß, wer er ist und was seine tiefste Bestimmung ist. Das ist Erleuchtung.

Sei, der Du bist!

Das Vergessen durch Erinnern zu überwinden, was letztlich Erkenntnis bedeutet, ist ein Schritt. Der nächste Schritt ist, zu erkennen, dass wir es sind, die unser Glück erschaffen. Dies geschieht durch die Anwendung dessen, woran wir uns erinnern. Das Geheimnis liegt in der Erinnerung!

Alles ist bereits in uns.

Das ist von entscheidender Wichtigkeit: Ansonsten versuchen wir immer, etwas zu lernen, was aber in Wahrheit schon (vielleicht verschüttet) in uns ist und immer war.

Lernen ist nur ein Ritual. Das Ritual des Lernvorgangs ist vielmehr ein Versuch der Erinnerung an das, was schon ist.
Es kann nichts Neues hinzugefügt werde, es kann nur das Vergessen verlernt werden.
Wer Licht (geworden) ist, enthält schon alle Farben in sich, die es gibt. Es können keine neue Farben „gelernt" werden, es sind immer nur die Mischungen aus den verschiedenen Farben, um uns selbst damit zu beschäftigen. Dies gibt uns Erfahrungen, die wir ja nur so, in einer augenscheinlichen Begrenzung erfahren können.

Es ist wie das Malen eines Bildes:
Das Gemälde ist schon in uns, als inneres vorgestelltes Bild. Wir selbst haben uns dabei manchmal auf wenige Farben begrenzt und malen ein entsprechend blasses Bild. Lernen wir mit der Zeit, die Farben zu mischen, erhalten wir so neue Schattierungen (Erfahrungen). Das Bild wird dadurch bunter. Wir erinnern uns an das vollkommene Bild vor unserem inneren Auge und vollenden es zu gegebener Zeit.

Die Auswahl an Farben, also an Möglichkeiten, und das Erinnern an das vollkommene Bild, ergeben am Ziel das wunderschöne Gemälde unseres einzigartigen Lebens.

Gedanken sind der Pinsel
auf der Leinwand des Universums.

Der Sinn der Materie ist nun, uns daran zu erinnern, dass wir eigentlich Geist sind. Wir sind es, welche die Materie durch den Geist bewegen und beherrschen. Wir sind hier, um die Materie zu überwinden, um uns zu erinnern, was wir sind, und um uns von den Scheinfesseln dieser materiellen Illusion zu lösen. Das ist es, was die Schriften mit der „Vergeistigung der Materie" meinten.
Der reine Geist steht immer über der Materie!

Materie ist unser Ritual. Wir sind es der Materie nicht schuldig, ihr dauernd nachzulaufen, wie ein armer Bettler, um die Krümel des Lebens aus den Ritzen am Boden zu puhlen.

Wir sind Meister des Lebens,
die Herren der Materie,
nur haben wir es irgendwo
auf dem Weg komplett vergessen.

Ob wir ein Meister sind und Herrlichkeiten erleben oder der besagte *Amelu Lulu*, hängt einzig davon ab, ob wir verrückt genug sind zu spielen. Als jemand, der sich durch nichts mehr begrenzt weiß und langsam anfängt, mit der Materie zu jonglieren und „unmögliche" Dinge zu machen. Es gibt nichts, was uns unmöglich wäre, wenn uns nur ein Fingerhut voll dieser Wahrheit wirklich bewusst wäre.

Es ist unsere Bestimmung, die wahre Natur der Dinge kennen zu lernen. Der Glaube an ein unausweichliches Schicksal aber lähmt den

Drang, dem Leben bewusst eine Bestimmung zu geben. Wenn wir einer Bestimmung folgen, sind wir aktiv und haben Entscheidungsspielraum. Das Fügen in ein vermeintliches Schicksal bedeutet hingegen, sich passiv dem Leid zu überlassen, da es unausweichlich scheint.
Freiheit aber ist unsere wahre Natur.

„Eines Tages wird man offiziell zugeben müssen, dass das, was wir Wirklichkeit getauft haben, eine noch größere Illusion ist als die Welt des Traumes."

Salvador Dali

Ich wurde einmal eingeladen zu einer Predigt eines berühmten Predigers, dessen Name ich ironischerweise vergessen habe. Dieser Prediger erzählte eine Geschichte, die mir im Gedächtnis blieb. Er erzählte von einem jungen Mann, der keine Perspektive mehr hatte und deshalb seinen seelsorgerischen Dienst aufsuchte. Dieser unglückliche Mann hatte sich völlig um den Verstand getrunken, so dass sein Licht nicht mehr besonders hell schien. Wir sprechen hier von einem massiven Hirnschaden.

Er bat also nun den Prediger für ihn zu beten, denn er hatte keine Arbeit und da er keine Arbeit hatte, fehlte auch die Frau. Er war allein, hatte es satt und ein Auto konnte er sich auch nicht leisten.

Der Prediger betete also, allerdings mit großen Bedenken, ob sich etwas für den armen Kerl ändern würde, und entließ ihn schulterklopfend.

Als der Prediger knapp ein Jahr nach diesem Vorfall gerade dabei war, Besorgungen zu machen, hupte laut ein Porsche hinter ihm. Verwundert drehte er sich um und sah einen Mann, der ihm irgendwie bekannt vorkam. Der junge Mann rief einer hübschen Frau auf dem Beifahrersitz begeistert zu: *„Das da, das ist der Pastor, der für mich gebetet hat!"* Nun erinnerte er sich natürlich und fragte erstaunt, wie das nur passieren konnte. Darauf erwiderte der junge Mann, der nun offensichtlich kein Alkoholproblem mehr hatte: *„Warum so erstaunt, ich hab doch nur geglaubt, was Sie da für mich gebetet haben!"*

Verspieltheit, Dankbarkeit und Freude
sind die geheimen Zutaten
eines langen und erfüllten Lebens.

Im Spiel der Materie braucht es keine großen intellektuellen Fähigkeiten oder ähnlich Geartetes. Es braucht nur etwas Vertrauen. Glaube darf nicht nur Glaube bleiben. Aus Glauben muss echtes Wissen um die Regeln des Lebens werden, und dieses Wissen ist zum Anwenden da.

Das Spiel der Materie heißt, „Erkenne Dich selbst". Das bedeutet nichts weniger, als das **Prinzip** zu kennen.

Zusammenfassung von
„Warum, wohin, wozu":

- *Leid hat das Ziel, die Dualität/Trennung aufzulösen.*
- *Das Leben ist nur ein Widerhallen dessen, was wir aussenden.*
- *Geist beherrscht Materie und Materie ist der Spiegel unseres Bewusstseinsstandes.*
- *Materie ist der Erlebnispark, um das Spiel des Kosmos zu erkennen. Die Materie bietet die Kulisse für Erfahrungen.*

Illusionslos

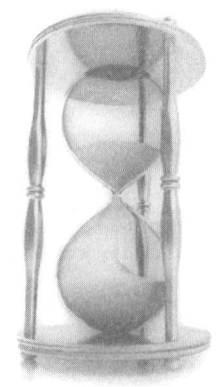

Schöpferisches Denken

Dem Traum folgt die Wirklichkeit.

Dass wir überhaupt schöpferisch denken, also träumen können, ist eigentlich schon Beweis genug, dass wir unsere Träume auch erfüllen und erleben können. Denn es wäre doch unendlich gemein, wenn uns die Fähigkeit zum Träumen gegeben worden wäre, ohne die Aussicht, diese auch erfüllen zu können. Wäre das nicht genauso, als würde man einem Ausgehungerten nur ein Foto vom Essen zeigen, ohne ihm tatsächlich was zu essen zu geben?

Nur zu träumen,
ohne die Träume auch zu erleben,
so wäre das Leben nur eine Uhr, die tickt.

Unser Unterbewusstsein kann nicht unterscheiden, ob wir etwas im Traum, in unserer Phantasie oder real erleben. Unser Gehirn findet zwischen einer Vorstellung und einem tatsächlichen Erlebten keinen Unterschied.

Forscher fanden bei einer Studie heraus, dass die Athleten, die in diesem Experiment tatsächlich trainierten, und jene, die rein mental trainierten (nur „faul" in Gedanken), die gleichen körperlichen Ergebnisse erzielten.

> *„Wenn Du es träumen kannst,*
> *kannst Du es auch tun. "*

Walt Disney

Ein kleines Experiment zeigt die unmittelbare Wirkung der Gedanken: Schließen Sie einmal die Augen und stellen Sie sich vor, wie Sie jetzt in eine saure Zitrone beißen. Wahrscheinlich verziehen Sie das Gesicht und der Speichelfluss wird angeregt. Ihr Körper reagiert tatsächlich, obwohl Sie es sich nur vorgestellt haben. Für den Körper und für das Unterbewusstsein ist alles so real, als hätten Sie tatsächlich in eine Zitrone gebissen.

In Wahrheit geschieht allerdings alles Erleben nur in unserer Vorstellung. Es ist wichtig zu verstehen: Die Wirklichkeit befindet sich im Inneren. So wie sie innen beschaffen und geformt ist, wird sie dann im Außen. Immer!

> *Die Welt, die Du in diesem Augenblick siehst,*
> *ist die Materialisierung dessen,*
> *was Du gewesen bist ...*

Sobald wir gewohnt sind, unsere Gedanken wie ein Instrument oder Werkzeug zu benutzen, werden wir auch schnell an den Wirkungen sehen, dass die Gedanken schon von jeher die eigentliche Ursache waren.

Alle Dinge sind dem möglich, der sich der Kraft seines Innersten bewusst ist. Egal, ob es sich als Träumen, schöpferisches Denken, echtes positives Denken, positives Fühlen oder Visualisierung ausdrücken mag. (Echtes positives Denken entsteht dabei nur aus positiven SEIN, ansonsten sind es nur Vokabeln und keine Transformation.)

Diese Dinge sind real, realer als die Materie selbst, denn Materie ist nur eine Folge von all diesen Bewusstseinskräften.

Ein Träumer ist also der,
der dem Verstand von der Wirklichkeit erzählt.

Das Universum gleicht immer mehr einem riesigen Computer, in dem unglaubliche Programme ablaufen und unsere Gedanken sind dazu die Software. Wenn uns das Spiel nicht mehr gefällt oder es uns langweilt, haben wir jederzeit die Möglichkeit, das Programm umschreiben.

In der Anwendung der 7 ewigen Gesetze ist es möglich, genau das zu tun. Dies gibt uns den Griffel in die Hand, um unser Leben umzuschreiben und Mitschöpfer auf diesem Wunschplaneten zu sein.

„Nichts geschieht,
ohne dass ein Traum vorausgeht."

Carl August Sandburg

Die Illusion der Zeit

„Zeit verändert sich nicht,
obwohl alle Dinge sich mit der Zeit verändern.
Denn Zeit ist eine Kraft,
die Ereignisse getrennt hält,
jedes an seinem Platz."

Smaragdtafel X

Warum geschehen aber dann manchmal Dinge nicht einfach sofort? Einmal liegt es an der persönlichen Reife und andererseits daran, dass Zeit einfach illusorisch ist. Es kommt eigentlich nur darauf an, ob wir die Dimension Zeit durchschauen oder nicht.

Denn nur allein durch die Abfolge von Handlungen und Geschehnissen erfahren wir überhaupt die Dimension Zeit. Uns Menschen fehlt ein Organ, um den Ablauf der Zeit ohne Hilfsmittel festzustellen. Wir haben keine eingebaute Uhr. Die Zeit ist für uns so wenig spürbar, wie es die radioaktive Strahlung ist. Wir bemerken ihr Verstreichen nur indirekt, allein an der Abfolge von Ereignissen. Überschlagen sich die Ereignisse, haben wir das Gefühl, dass die Zeit rast.

Im Gegensatz dazu geht das Zeitgefühl in der Isolation verloren, das „Jetzt" der Gegenwart dehnt sich aus.

Übereinstimmend berichteten daher zum Beispiel verschüttete Bergleute, dass ihnen die Zeit des Eingeschlossenseins viel kürzer vorkam als die tatsächlich abgelaufene Zeit. Alle äußeren Eindrücke, an denen man sich dabei orientieren kann, fallen aus, die Zahl der Ereignisse sinkt, die Anspannung steigt und zugleich der Wunsch, die Zeit möge langsamer verstreichen, damit Rettung möglich bleibt.

> *„Zeit ist nicht in Bewegung,*
> *aber Du bewegst Dich durch die Zeit,*
> *weil sich Dein Bewusstsein von*
> *einem Ereignis zum anderen bewegt."*
>
> *Smaragdtafel X*

Die Zeit ist nur eine Art illusionärer Einbildung. Es gibt nur das Jetzt! Denn es ist noch nie etwas in der Vergangenheit passiert, und es wird auch nie etwas in der Zukunft geschehen. Alle Dinge geschehen in der Gegenwart. Auch die Dinge der Vergangenheit waren Gegenwart, als sie geschahen. Im „Jetzt" existiert nur noch eine Erinnerung an die „vergangenen" Ereignisse. Das Erinnern aber ist wieder ein Ereignis im Jetzt, in der Gegenwart.

Viele Menschen kleben an der Vergangenheit („Wenn ich damals nicht…") oder fokussieren die Zukunft („Wenn ich erst einmal, dann…!") So verpasst man die Gegenwart. Dabei ist es die Gegenwart, die über die Zukunft entscheidet.

> „Denn das Gestern ist nichts als
> ein vergangener Traum und
> das Morgen nur eine Vision."
>
> *Aus dem Sanskrit*

Wir können auch nicht in der Zukunft leben, denn diese ist noch nicht passiert und verändert sich mit jeder Entscheidung, die wir jetzt treffen. Jetzt!

Alles, was Gegenwart ist, wäre deshalb auch Zukunft! Denn auch die Gegenwart ist nur das, was wir in der „Vergangenheit" dachten und waren. Vergangenheit hat die Tendenz, unser Jetzt einzunehmen. Nur wenn wir das Jetzt bewusst ändern, ändern wir auch unsere Zukunft.

Der Zeitforscher Julian Barbour sagt dazu: „Das Universum besteht aus einer ungeheuren Abfolge von Schnappschüssen der Gegenwart in Raum und Zeit. Das ist wie mit den Bildern eines Films. Das Einzelne ist statisch, nacheinander ergeben sie erst Bewegung."[9]

> Zeit?
> Es gibt nur das ewige Jetzt der Gegenwart!

Die vermeintliche Zeit ist eine Konditionierung (Gewöhnung) auf Grund des Wahrnehmens einer Aneinanderreihung äußerer Abfolgen. Unser wahrer Kern kennt aber weder Zeit noch Raum. Er ist völlig unbegrenzt. Das zu wissen, ist hilfreich für die Erschaffung der Wirklichkeit – ein weiterer Schlüssel für das Geheimnis.
Denn das **Prinzip** ist immer nur im Jetzt!!

Albert Einstein schaffte die Absolutheit der Zeit mit seiner Formel $E=mc^2$ gänzlich ab.

> „Zeit ist, was man an der Uhr abliest.“
>
> *Albert Einstein*

Die Quantenwelt, in der wir leben, ist eine zeitlose Welt der Möglichkeiten in Abhängigkeit von unseren Entscheidungen. Wir picken uns nur die Möglichkeit heraus. Zeit spielt da keine große Rolle.

In der Welt des **Prinzips** gibt es keine Beschränkung durch Zeit. Nur wenn wir denken (glauben), dass es lange dauert oder eine Sache schwieriger ist als eine andere, so wird es auch länger dauern, bis diese sich erfüllt und sichtbar werden kann. Andersherum geschehen Dinge „schneller“, je besser wir das Spiel und die Illusion der Zeit durchschauen. Das ist der Fall, wenn wir erkannt haben, dass ausschließlich unsere Bewusstseinsweite (Gefühlsamplitude) die „Wunschgeschwindigkeit“ bestimmt.

Man blickt erstaunt hinter die Fassade und erkennt, dass es nur deshalb so schwer zu sein scheint, Dinge zu erschaffen, weil die gesetzte Ursache durch die Illusion der Zeit anscheinend lange auf ihre Wirkung warten lässt.

Tatsache ist aber, wie wir schon gesehen haben, dass immer alles sofort geschieht, sich gedankenschnell aus einer riesigen Auswahl an Möglichkeiten immer mehr verdichtet, bis es endgültig in Erscheinung tritt. Je nach eingesetzter Intensität wird es dann früher oder eben auch später sichtbar erscheinen.

Der Trick dabei ist: Man muss es zuerst im Inneren haben, bevor man es schließlich im Außen hat!

> „Denn wer hat, dem wird gegeben werden…“
>
> *Markus 4,25*

Der Tennisspieler Boris Becker wurde einmal gefragt, warum er immer so siegessicher beim Spiel auftreten und souverän gewinnen könne. Worauf er lässig antwortete: *„Ich habe einfach schon gestern Abend das Spiel gewonnen."*
Er hat sich also mental das Match schon im Kopf angeschaut, bevor er es am nächsten Tag tatsächlich spielte und beschloss dabei, ganz einfach zu gewinnen! Genau das ist schöpferisches Träumen und so erschafft man Realitäten!

Das Geheimnis gleicht der Legende vom Königssohn, dessen Vater große Besitztümer hatte. Eines Tages sagte sein Vater zu ihm: *„Heute ist dein Geburtstag und du bist volljährig. Jetzt soll dir alles gehören, was dir schon immer gehört hat."*
Volljährig ist man nach den Gesetzen des Universums dann, wenn man die Kinderstube hinter sich hat, mündig geworden ist und beginnt, Kraft seines königlichen Blutes mit Wort und Tat das Zepter in die Hand zu nehmen und als bewusster Schöpfer zu regieren.

> *„Sie sprachen zu ihm so:*
> *Werden wir hineinkommen*
> *in die Herrschaft?*
> *Es sprach Jesus zu ihnen so:*
> *Wenn ihr zwei zu eins macht*
> *und wenn ihr den inneren Teil wie den äußeren Teil*
> *und den äußeren Teil wie den inneren Teil*
> *und den oberen Teil wie den unteren Teil*
> *und wo ihr das Männliche und das Weibliche*
> *zu einem Einzigen macht, (...)*
> *dann werdet ihr hineinkommen*
> *(in die Herrschaft)."*

Das Thomasevangelium, Vers 22

(Man beachte, was Jesus hier sagt und was auch die Gesetze sagen. Es ist dasselbe!)

Mit den geistigen Gesetzen denken wir das Undenkbare, machen wir das Unmögliche möglich und bringen das Wunder, das innen ist, nach außen.

Zusammenfassung von „Illusionslos":

- *Gedanken sind der Pinsel auf der Leinwand des Universums.*
- *Die Illusion der Zeit verbirgt die Gesetze des Lebens.*
  Das ewige Jetzt ist Realität.
- *Die Frucht der Offenbarung folgt der reinen Blüte der Erkenntnis.*

Erst die Blüte, dann die Frucht

„Wenn der Baum geboren wird,
ist er nicht sofort groß.
Wenn er groß ist, blüht er nicht sofort.
Wenn er blüht, bringt er nicht sofort Früchte hervor.
Wenn er Früchte hervorbringt,
sind sie nicht sofort reif.
Wenn sie reif sind,
werden sie nicht sofort gegessen."

Aegidius von Assisi

Was Sie bis hierher gelesen haben, diente lediglich dazu, Ihr Verständnis für das, was weiter folgt, zu wecken. Es sollte unnötigen Ballast abschütteln, gleich einem Acker, den man zunächst umgräbt, bevor man neuen Samen in die Erde legen kann. Das Denken sollte möglichst frei und neu sein, damit Sie, was in den weiteren Kapiteln folgt, mit Erfolg erfassen und umsetzen können.

Sie wissen nun die Zusammenhänge der Realität und ahnen das Geheimnis hinter allen Geheimnissen: das Ur-**Prinzip**.
Sie wissen vom Schauspiel der Materie, von der Illusion der Zeit, welche das Gesetz der Ursache und Wirkung und die Gesetze, aus denen sich das Ur-**Prinzip** zusammensetzt, verschleierte.
Sie haben somit eine Erkenntnisgrundlage für die Entschleierung des Geheimnisses – um durch die Erschaffung der Wirklichkeit Träume real werden zu lassen und sie vollständig nach Ihrer Bestimmung, zum Wohle des Ganzen, zu befriedigen.

Die nötige Grundlage für das gelebte **Prinzip** ist also:
Mühelose Leichtigkeit, Humor, eine feste Gesetzmäßigkeit quantenphysikalisch bewiesen. Unser größtes Potenzial, das verborgen in unserer Natur ruht. Das Durchschauen der Illusion der Zeit. Die formbare

Wirklichkeit der Materie. Die Synchronisierung der Gehirnhälften und das Einschwingen in die „Wunschfrequenz". Das ewige Jetzt der Realität und das Erkennen der geistigen Gesetze, welche die Teilnahme am Spiel des Lebens ermöglicht, als Schöpfer im kosmisches Spiel.

Sie sitzen mit diesem Buch auf Ihrem Sofa, atmen die Luft Ihres Wohnzimmers und träumen gerade, dass Sie lesen. Dabei versuchen Sie sich nur selbst an etwas zu erinnern, was Sie meinen verloren zu haben. Sie kauften ein Buch, um etwas zu finden, ohne zu wissen, was das eigentlich ist, was Sie suchen. Es hat Ihnen niemand gesagt, oder ...

... Sie suchen sich selbst.

Teil II

Die Offenbarung des Geheimnisses

„Unsere Gedanken sind unsere Welt,
was wir denken, das werden wir.
Das ist das ewige Geheimnis.
Wenn der Geist im höchsten
Selbst verankert ist,
erfahren wir unsterbliches Glück."

In den folgenden Kapiteln wage ich ein Offenbaren des Unfassbaren. Wäre die Zeit nicht reif, würde ich mir nicht anmaßen, darüber zu schreiben. Dieses letzte Geheimnis in Worte zu fassen, ist letztlich so, als wollte man den Wind mit bloßen Händen fangen oder als würde man versuchen, das Meer mit einer Tasse auszuschöpfen.

Dieses Wissen wird dem dienen, der nach Licht sucht und nach Weisheit strebt. Das Unaussprechliche soll durch diese Worte seinen Weg im Herzen haben und im Leben sein Wirken finden.

Wäre mir nicht bewusst, dass ein Blinder selbst das hellste Licht nicht wahrnimmt, so würde ich es vorziehen dieses letzte Geheimnis, das **Prinzip**, nicht preiszugeben.

„Man kann einen Menschen nichts lehren,
man kann ihm nur helfen,
es in sich selbst zu entdecken."

Galileo Galilei

1 Bewusstwerdung

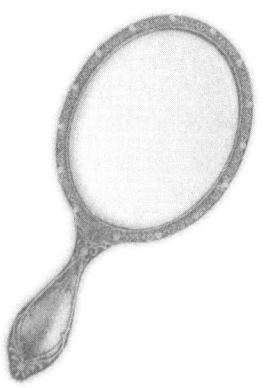

Bewusstsein

Das Ur-Prinzip ist Licht,
das Licht ist das Sein,
ist das Prinzip in seiner Mannigfaltigkeit.

Ein wichtiger Aspekt für das Erfassen des ganzen Geheimnisses ist ein tieferes Verständnis für das Phänomen „Bewusstsein" und für die verschiedenen Bewusstseinsgrade. Das erste der 7 Gesetze aus den Smaragdtafeln ist das Gesetz des Geistes, und „Geist" steht im Folgenden immer für „Bewusstsein" (und andersherum). Wenn wir verstehen, was das Gesetz des Geistes (1. Gesetz) ist, haben wir eine Basis, auf der wir auch alle anderen Gesetze sicher erfassen können.

Um das Innere im Außen zu erschaffen, muss im Inneren zuerst etwas klar Definiertes vorhanden sein. Je vollkommener die Struktur unseres bewussten Inneren, desto vollkommener wird das Äußere.
Bewusstsein ist die wertvollste Essenz eines jeden Lebens, der Ursprung eines jeden Gedankens, der jemals gedacht wurde, und der Urgrund jeder Emotion. Bewusstsein ist bewusstes Sein, ein umfassendes Wahrnehmen der eigenen Existenz, gebildet aus der Identifikation mit einem Innen und mit einem Außen.
Die Identifikation allein mit dem Außen haben wir im Alltag durch die einseitige Ausrichtung unserer Sinne auf die Materie mehr als genug.

Die äußere Welt bestimmt und dominiert die innere Welt dadurch zu sehr. Das kann zu Oberflächlichkeit und zu einem Gefühl des „Gelebtwerdens" führen.

Vollkommenes und somit schöpferisches Bewusstsein wird in der inneren unbegrenzten Welt erfahren. Wenn man sich darin gesetzmäßig, das heißt nach den Gesetzen des **Prinzips**, bewegt, formt das Bewusstsein bald darauf unweigerlich die äußere Umgebung. Auf diese Weise verändert Bewusstsein unsere erlebte Realität.

> Das größte Abenteuer
> ist die Reise nach innen.

Das schöpferische Mysterium, Ihr Bewusstseinskern, ist deshalb das Schönste, was Sie besitzen, und Worte würden seiner nur spotten. Das höchste Bewusstsein ist geistiger Art, denn es ist Geist. Es lässt sich nur anhand eines holistischen Denkmodells erklären. Dieses schöpferische Bewusstsein ist verankert in den geoffenbarten Gesetzen des Lebens. Die Kräfte des **Prinzips** nützen nur demjenigen, der die Fähigkeit des reinen Geistes kennt.

Jener, der erfährt, wer er wahrhaftig im Kern des Kerns ist, und der die Regeln (die geistigen Gesetze) kennt, hat damit einen Schlüssel in der Hand: den Schlüssel zur Schatzkammer des Universums. Das **Prinzip** und das Kennen des Wesenskerns unseres Selbst, diese beiden Dinge sind absolut nicht von einander zu trennen.

Weshalb? Das Gesetz der Anziehung für sich allein kann uns niemals das bringen, was wir haben wollen, es kann uns immer nur das bringen, was wir bereits in unserem Wesen sind.
Wenn wir von uns selbst beispielsweise ein körperlich schwächliches Bild haben, so wird auch das beste Training auf Dauer nichts daran ändern. Erst das innere Bild der körperlichen Stärke manifestiert die entsprechenden Umstände. Erst dann kann eine wirkliche und bleibende (!) Veränderung geschehen.

Du wirst niemals das,
was Du nur willst,
aber Du wirst alles,
was du im Bewusstsein schon BIST.

Es ist eigentlich einfach: Um die Umstände zu verändern, muss man zuvor das Bewusstsein ändern!
Das Bewusstsein selbst ist letztlich formlos. Aber es nimmt jede Form an, von der es eine Vorstellung hat. Die Erweiterung des Bewusstseinshorizonts, bewusst erschaffendes Denken und neue Gedankengänge bedürfen sorgfältiger Übung, damit sie in Fleisch und Blut übergegangene Gewohnheit werden.

Doch wo beginnt Bewusstsein eigentlich?
Ein kleines Wesen wie ein Küken zeigt, wie mächtig der Geist ist: Bei einem wissenschaftlichen Experiment zur Erforschung des Bewusstseins (der Kraft der Gedanken) wurde in einem Käfig ein kleiner rollender Roboter platziert. Der Roboter war mit einem Zufallsgenerator ausgestattet, welcher über eine Diode auf Bewusstsein reagierte.

Um herauszufinden, ab wann (er-)schaffendes Bewusstsein beginnt, nahmen die Wissenschaftler ein Hühnerei mit einem Küken, das bald schlüpfen sollte, und legten es in einen Käfig, der unmittelbar neben dem Käfig mit dem Roboter stand. Als das Küken schlüpfte, hielt es sofort, seinen Instinkten gehorchend, Ausschau nach der Mutter. Was immer ein Küken zuerst wahrnimmt, erkennt es als seine Mutter an: In diesem Fall war das der Roboter. Und was daraufhin geschah, war erstaunlich:

„Die folgende erste Grafik repräsentiert den ersten Teil des Experimentes; hier ist der Käfig rechts noch leer, und der zufallsgesteuerte Roboter bewegt sich überall in seinem Areal innerhalb der Umrandung. Die Linien entsprechen den Fahrwegen, die der Roboter zurückgelegt hat."

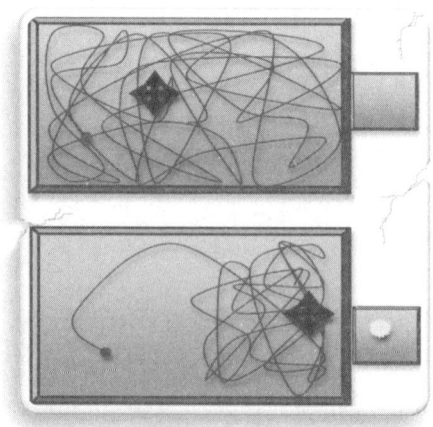

Unbewusste Bewusstseinskraft

„Im zweiten Bild des Experimentes wurde das Küken rechts in den Käfig ge-setzt. Wie an den Linien erkennbar, reichte das Bewusstsein des Ein-Tages-Kükens (!) mit der Annahme, dass es sich beim Roboter um seine Mutter handelt, aus, um den zufallsgesteuerten Roboter nunmehr immer in der Nähe des Küken-Käfigs zu halten."[10]

Dieser sensationelle Versuch zeigt, dass allein der unbewusste Wunsch des Kükens nach der Nähe der Mutter ausreichte, um den Roboter zu steuern.

Frisch geschlüpfte Küken haben demnach die erstaunliche Fähigkeit, durch ihr winziges, relativ begrenztes Bewusstsein, „unbewusst" Mate-rie zu lenken.

Daraus ergibt sich die Frage: Was ist dann erst mit unserem „großen" Bewusstsein möglich?

Können wir das auch?

Ist es auch uns, nur mittels unseres Geistes möglich, Dinge zu bewe-gen? In Teil 3 werden wir eine kleine Übung kennenlernen, die es Ihnen ermöglicht, allein kraft Ihres Willens Materie (ein Metallobjekt) zu be-wegen. Sie wissen ja, alles ist möglich, sobald man das Geheimnis er-gründet hat.

Gibt es weitere wissenschaftlich abgesicherte Beweise für die Wirkung der Gedanken auf Materie?

Ich möchte mich hier auf drei Beispiele beschränken:

In den 20er-Jahren des vergangenen Jahrhunderts entwickelten die französischen Forscher Dr. Baraduc, Major Darget und Hector Durville Experimente, welche die Wirkung von Gedanken sichtbar machen sollten.

Sie verwendeten mit Schwefelkalzium imprägnierte Sichtschirme (Logoskopie), die man durch Gedankenkraft aufleuchten lassen konnte. Es gelang dabei sogar der Nachweis, dass Gedanken bestimmte Formen bilden und dass diese Formen unterschiedlich gefärbt sein können, je nach emotionaler Qualität der damit verbundenen Gedanken![11]

Neuerdings wird schon die Bedienung von Maschinen und Roboter allein mit Gedankenkraft mittels eines drahtlosen BMI (Brain Maschine Interface) von der Firma Honda in Zusammenarbeit mit der Firma Shimadzu realisiert. Dabei wird ein ASIMO (Akronym für „**A**dvanced **S**tep in **I**nnovative **M**obility"), ein von Honda entwickelter humanoider Roboter, allein kraft der Gedanken bewegt. Im März 2009 wurde diese Technik zur Steuerung von Maschinen in Tokio vorgestellt. Dies ist die erste Anwendung eines rein gedankenkontrollierten Technologiesystems der Welt.[12]

Auch Masaru Emoto, ein japanischer Forscher, belegte, dass Gedankenkraft sich auf Wasser auswirkt. Er kam weiter zu dem Schluss, dass emotionsgeladene Gedanken unterschiedlicher Frequenz (Hass, Liebe, Gleichgültigkeit, Freude) auf der molekularen Ebene einen signifikanten Einfluss haben: Harmonische Gedanken erzeugen ein geordnetes Kristallmuster der eingefrorenen Wassermoleküle, während negative Gedanken ein entsprechend chaotisches entstehen lassen.[13]

Bewusstsein erzeugt immer Gedanken und Gedanken haben immer eine materielle Wirkung. Gedanken haben offensichtlich einen entscheidenden Einfluss auf unsere materielle Wirklichkeit und sie haben ihren Ursprung im jeweiligen persönlichen Wesenskern, also darin, was man für gewöhnlich als „Ich" bezeichnet.

„Sein oder Nichtsein;
das ist hier die Frage ..."

William Shakespeare

Wer ist „Ich"? Und was ist Bewusstsein?

Die Frage nach dem Bewusstsein ist also immer auch die Frage nach dem „Wer bin ich?". Es ist die uralte Frage nach dem Sein. Nach dem bewussten Sein, nach dem Inhalt des sich selbst reflektierenden Wesenskerns.
Was sind wir? Körper, Ego, Lust, Angst? Das alles mag – stets zeitlich begrenzt – ein Teil von uns sein, aber es ist nicht das wahrhaftige „IchSEIN".

Angenommen, man würde nun einen Mitmenschen fragen, was genau „Bewusstsein" ist, so würde er nach kurzem Überlegen vermutlich antworten: „Bewusstsein ist das Gegenteil von Bewusstlosigkeit."
Das aber beantwortet nicht die Frage, denn wo von wären wir denn „los", wenn wir ohne Bewusstsein wären?

Was genau ist also Bewusstsein? Die nächstliegende Antwort darauf wäre möglicherweise: „Bewusstsein ist, wenn wir denken und fühlen."
Das ist wahr, aber wer denkt und fühlt da, der „Gummimotor" des Gehirns oder das Bewusstsein?
Das Bewusstsein scheint doch eher ein Ausdruck von etwas zu sein, das sich tief im Inneren versteckt. Es zeigt sich in dem Wort „Bewusstsein". Eben: bewusstes Sein. Aber was sein? Wessen bin ich mir da bewusst, um es zu sein???
Das wirft eben die Fragen auf: „Wer ist dieses Sein? Ich? Und wer ist ICH?"
Viele würden auf diese Frage hin ihren Beruf nennen und ihren Familienstand; sie würden erzählen, welches Auto sie ihr Eigen nennen, und über ihren schönen Körper berichten, der sie morgens im Spiegel lächelnd anschaut. Aber auch unser Körper ist nicht, wer wir sind. Er ist nur ein materielles Anhängsel, aber man ist ja auch nicht sein Auto oder der Pool.

Sichtlich irritiert durch die Unfähigkeit, diese Frage zufriedenstellend zu beantworten, würde man sehr wahrscheinlich fortfahren, indem man erzählt, dass man ein netter Mensch sei, im Kirchenchor singe, gern Schach spiele, weil man ein guter Logiker sei, oder man hebt hervor, dass man ein guter Koch sei, besonders die gefüllten Zucchini nach Mamas Rezept...

... Sie wissen, worauf ich hinaus will.

All das ist nicht das wahre „IchSein". Das ist nicht der bewusste Geist. Es sind nur die äußeren Attribute des eigentlichen Kerns in uns. So lange wir dieser Frage mit Achselzucken begegnen, genauso lange verschlafen wir die eigentlichen Attraktionen des Lebens.

Jede ersehnte Offenbarung, jedes Streben nach Höherem wird reflexartig angetrieben von der Suche nach der einen Antwort. Ob in der Religion, Philosophie oder in den Wissenschaften: Die Menschen suchen nach etwas ganz Bestimmtem. Sie suchen nach Antworten im Außen, doch diese waren noch nie irgendwo außerhalb von uns selbst zu finden. Sie suchen sich selbst, während sie Gott suchen. Denn unser wahres Wesen ist von geistiger Natur. Und so steht Bewusstsein für Geist (geistiges Gesetz Nummer eins).

> „Wir halten Ausschau nach dem,
> was Ausschau hält."
>
> *Franz von Assisi*

Die Quantenphysik bestätigt das: Der sogenannte „Beobachter" (das, was Ausschau hält) ist das Bewusstsein in seiner scheinbar individualisierten Form. Er kennt die Antwort – er selbst ist sie. Das Spiel des Lebens heißt somit: Erkenne Dich selbst (eigentlich: Erkenne das SELBST!).

Doch wie kann man sich selbst erkennen?

Sicher nicht durch ewiges Suchen, sondern nur durch das Finden. Es klingt paradox, doch: Man muss es tatsächlich finden, bevor man gefunden hat. Nur dann kann man tatsächlich finden.

Wer wirklich finden will, muss deshalb zuerst das Suchen aufgeben. Das bedeutet: Man muss sein, bevor man ist. Und genau hier beginnt bewusstes SEIN – und nicht eher!
Wer nun gefunden hat, beendet sein Suchen und darf endlich in dem ruhen, was er einst suchte, und er suchte es in sich selbst.
Denn die Suche ist erst dann beendet, wenn man in sich SELBST ruht.

> *„Nicht außerhalb, nur in sich selbst*
> *soll man den Frieden suchen.*
> *Wer die innere Stille gefunden hat,*
> *der greift nach nichts,*
> *und er verwirft auch nichts."*
>
> *Siddharta Gautama*

Das Ruhen-in-sich-Selbst ist wahre SELBSTverwirklichung und reines Bewusstsein. Die Inder nennen diesen begehrenswerten Erkenntniszustand *Samadhi*, die Japaner nennen ihn *Satori*, die Christen „Glückseligkeit" (Altgriechisch: *Makarios*) und die Buddhisten sprechen von *Nirvana* oder „Erleuchtung".
All diese Benennungen beinhalten die gleiche Aussage: unauslöschliches Glück, wirkliches Zuhausesein, In-sich-selbst-ruhen. Letztlich ist es ein sehr individuelles Erleben, jeder macht seine eigenen persönlichen Erfahrungen, wenn er es erfährt.

Das Mysterium ist deshalb Muße, nicht müssen. Ruhen in sich selbst ist Muße, ist also die Synchronschaltung der beiden Gehirnhemisphären. Je synchroner diese sind, desto niederfrequenter sind die Gehirnwellen (sie liegen dann im Alpha-, Theta- oder Delta-Bereich) und desto besser kann sich das Bewusstsein in seiner schöpferischen Kraft ausdrücken und entfalten – desto näher sind wir dem wahren ICH.

Im Gegensatz dazu steht das Alltags-/Beta-Bewusstsein: die Unruhe im Außen. Und sein größter Widerspruch ist das Ego, das vermeintliche Selbst, das Scheinselbst. Egobewusstsein ist ein niederes Bewusstsein, das sich in Angst und in einem Mangelgefühl ausdrückt. Ruhen in sich SELBST hat dagegen die Grundlage für die mächtigste Resonanz und die vollkommenste Anziehungskraft und Sogwirkung. Bewusster Sog kommt nur aus dem bewussten Sein. Wer es nun gewohnt ist – dauerhaft in sich selbst ruhend –, zu sein (in seinem Geist oder Wesenskern), wird automatisch zu einem Dauer-Magneten für alles.

- *Woher kommt denn die populäre Kraft der Anziehung?*
  Aus dem Sein.
- *Was ist Sein?*
  Es ist eine jeweils bestimmte Frequenz des Bewusstseins, die in Resonanz steht zum Wesenskern: zu dem, was wir meinen, was wir sind.
- *Wer sind wir, wer bin ich?*
  Du bist die Begrenzung, die Du annahmst, um eines Tages Dein ganzes Ausmaß wieder zu entdecken. Eine Reflexion im Kaleidoskop dessen, der Alles ist.
- *Wer ist dieses Eine?*
  Du! Nur ungeteilt.

Auf unserem Weg haben wir alle die entsprechenden Umstände angezogen, mittels derer wir uns selbst suchend erfahren, um uns schließlich selbst zu finden. Wir suchen immer nur, um dieses Eine zu finden, um endlich darin ruhen zu können und um in dieser einen Ruhe zu unserer ganzen Größe anzuwachsen. Unser eigentliches „Zuhause" ist das Leben im Ur-**Prinzip**.

Die Antwort auf die eingangs gestellte Frage lautet: Bewusstsein beginnt mit der Erkenntnis des wahren Selbst und somit mit der Erkenntnis des Geistes.
Sie sind Geist, haben eine Seele und bedienen sich eines Körpers. Und tatsächlich: allein mit Ihrem Willen bewegen Sie ein Stück Fleisch

(Körper), das ohne den mächtigen Geist tot wäre. Sie tun das dauernd! Egal, ob Sie gehen, ob Sie Sport treiben, sprechen oder einkaufen. Es ist offensichtlich immer der Geist, der die Materie, den Körper bewegt. Sobald wir uns der Wahrheit über unser Ich-Selbst (Bewusstsein/ Geist) und die Natur der Materie bewusst sind und uns mit ihr auf den Gesetzen entsprechende Weise verbinden, wird die Materie in ähnlicher Art und Weise auf uns hören wie unser Körper jetzt auf uns hört. Am Ende von Teil III werden wir unsere Fähigkeit auf ein Stück Materie außerhalb von uns ausweiten, um zu verstehen, wie auch die äußere Welt veränderbar ist.

Durch die Ausdehnung des Bewusstseins und der Erkenntnis des Eigentlichen sind wir im Begriff, in eine andere Welt des Denkens einzutauchen. In eine Denkart, in der wir alle Möglichkeiten haben, eine neue Realität zu erschaffen, die mehr unserem wahrhaftigen Wesenskern und somit unserer Geistesnatur entspricht.

Was die Gedanken dominiert, wird.

Bewusst-sein bedeutet ausschließlich das zu denken (und zu sein), was man denken will. Unbewusstsein ist das Gegenteil – man wird gedacht. Doch durch diese erweiterte Bewusstwerdung ändert sich unser gesamtes Leben und damit das unserer Mitwelt. Durch die Anwendung der Gesetze des Geheimnisses haben wir es in der Hand, das Spektrum der Farbigkeit unserer gesamten Existenz und unseres Erlebens schöpferisch zu verändern.

Die Farbe des Bewusstseins

„Auf Dauer der Zeit nimmt die Seele
die Farbe der Gedanken an."

Marc Aurel

Die Farbe des Bewusstseins findet ihren Ausdruck in den Gedanken, aber auch in den Gefühlen. Beide bestimmen – je nach Qualität und Intensität – die Kraft, die uns zur Verfügung steht, um Dinge zu verändern. Nehmen wir an, Bewusstsein wäre der Rahmen eines Bildes und die Gedanken das Bild selbst, so wären die Gefühle dabei die Farben. Gefühle bestimmen die Intensität der ausgestrahlten „Wunschfrequenz".

Bewusstsein/Geist erzeugt Gedanken. Gedanken erschaffen Gefühle. Gefühle erzeugen Resonanz zu etwas. Resonanz erzeugt Anziehung. An diesem Vorgang sind, wie wir später sehen werden, alle 7 geistigen Gesetze beteiligt.

Bewusstes SEIN
drückt sich durch Freude aus.

Gedanken sind mächtig, nur Worte sind noch mächtiger!
Wir können das persönliche Leben durch unsere Gedanken und unsere Sprache in Verbindung mit unseren Gefühlen völlig neu programmieren – genauso, wie wir es haben wollen. Dabei gilt: Je intensiver die Gefühlsenergie, umso stärker und schneller tritt das Gewünschte in der Realität in Erscheinung.
Aber was hat man von dieser Kraft, wenn man das Geheimnis nicht kennt? Es ist, als würde man leben, ohne eine Ahnung zu haben von der wundervollen Vielfalt der Farben.

Stellen Sie sich vor, ein Mensch würde in einer Umgebung aufwachsen, in der es keine Farben gäbe – es gäbe nur Schwarz, Weiß und ein frisches Grau. Dieser Mensch mag zwar von Farben gehört haben und hat vielleicht auch viel darüber gelesen, er hat aber noch nie echte Farben mit seinen eigenen Augen gesehen. Lange schon absolvierte er ein Philosophiestudium über die Theorie der Farben, da er spürt, es müsse doch so etwas wie Farbe da draußen existieren. Auch hörte er von anderen Menschen, die behaupteten, eine

Welt voller Farben gesehen zu haben, was aber viele für Spinnerei hielten.

Er weiß nicht einmal genau, was er sucht, er folgt nur einem „zarten Duft", der ihm irgendwie alles verspricht.

Die Suche nach Farben ist, bildlich gesehen, das, was einen jeden von uns antreibt, ohne es wahrzunehmen. Auch uns zieht allein die Ahnung, solange wir die Farbe unseres Seins oder des wahren Ichs noch nicht gesehen haben. Doch irgendwann nehmen wir es plötzlich wahr, obwohl es schon immer da war. Näher hätte es uns nicht sein können. Wie jemand, der seine Brille sucht, während dieselbe auf seiner Nase klemmt.

Ohne Licht gibt es keine Farben. Die Suche nach Farben ist also auch die Suche nach Licht.

> „Alle Geheimnisse liegen in
> vollkommener Offenheit vor uns.
> Nur wir stumpfen uns gegen sie ab,
> vom Stein bis zum Seher.
> Es gibt kein Geheimnis an sich,
> es gibt nur Uneingeweihte aller Grade."
>
> Christian Morgenstern

Die meisten haben vergessen, dass sie eigentlich individualisierter Geist – ein Teil des einen großen Geistes – sind, der den Weg zurück in die Harmonie der Einheit mit seinem Ursprungszustand sucht. Jeder von uns muss das Geheimnis selbsterinnernd erfahren (siehe Teil III).

Die jeweilige Färbung des Bewusstseins bestimmt, wie das **Prinzip** wirkt: Entweder ist man unbewusst und damit dem Gesetz als Lulu unterworfen (wie der sumerische Arbeitssklave), oder man arbeitet bewusst mit dem Gesetz als Meister des Lebens.

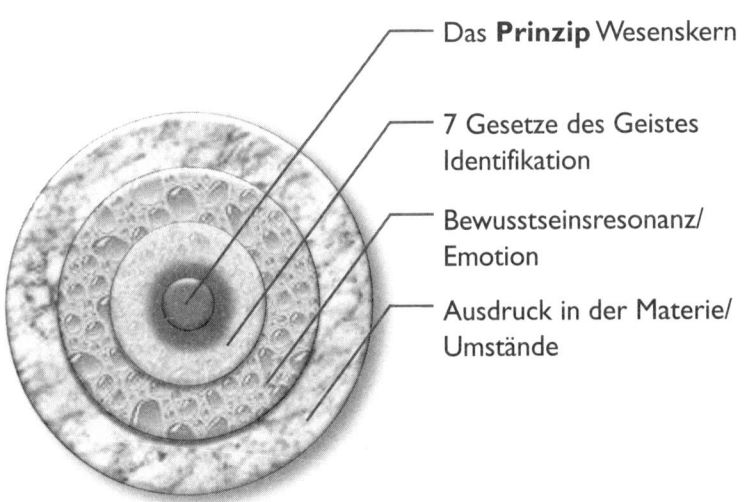

Das **Prinzip** Wesenskern

7 Gesetze des Geistes
Identifikation

Bewusstseinsresonanz/
Emotion

Ausdruck in der Materie/
Umstände

Die Entstehung der Realität

> „Jede Ursache hat ihre Wirkung,
> jede Wirkung ihre Ursache;
> alles, was geschieht, geschieht gesetzmäßig.
> ‚Zufall‘ ist nur der Name für
> ein unbekanntes Gesetz."

Das Kybalion

Durch die jeweiligen Bewusstseinsresonanzen werden die Umstände im Außen geschaffen. Und da wir diese Regeln nicht kennen, glauben wir an Böses, an Zufall und an Schicksal.

Die Gesetze nicht „anzuwenden" oder gegen die Gesetzmäßigkeiten des Lebens zu handeln, zieht unweigerlich eine „Lernerfahrung" nach sich. Das ist gut so und manchmal sehr wichtig für die Entwicklung zur Meisterschaft.

> „Immer, Mensch, wirst Du zu dem,
> was Du siehst: Siehst Du Gott, wirst Du Gott,
> siehst Du Staub, wirst Du Staub."

Bruder Angelas Silesius

Jedes „wilde" Geschöpf lebt in gewisser Harmonie mit den Gesetzen des Lebens, da es in Einheit mit sich selbst lebt.

Nur der zivilisierte Mensch hat im Verlauf seiner „Entwicklung" seine wichtigste Existenzgrundlage verloren: die Kraft der Identifikation als die Kraft seines Geistes.

Der Mensch ist leider von sich selbst getrennt, sodass es zuerst etwas Aufwand benötigt, um ihm wieder in Erinnerung zu bringen, wer er eigentlich ist:

„Der Mensch als Ganzes besteht aus verschiedenen Ebenen (aus Körper, Seele und Geist sowie der mentalen, emotionalen, kausalen, spirituellen Ebene), und ist mehr oder weniger bemüht, in realer Harmonie eins zu werden.

Alles Bemühen und Streben einer jeden Person fußt darin, doch meist unbewusst, wieder eins zu sein mit seiner wahren Natur und seinem wahren, echten und lichten Ur-Sein. Ein Leben in strahlender Liebe, Freude und von sphärischem Frieden durchdrungener Harmonie zu leben.

Was ist seine wahre Natur? Dummerweise nicht das, was die meisten von sich denken. Der Mensch gleicht einer Welle oder einem Tropfen im Meer und weiß doch nichts von dem Meer selbst. Ewigkeiten lange sieht er sich selbst vom Meer getrennt und ist doch, verborgen, eins mit ihm. Solange er der Täuschung der Trennung unterliegt, besteht sein Leben in einer Form meist unbewusster, aber sich ständig auswirkender Angst. Was auch dem eigentlichen Charakter des Ego entspricht.

Das EGO selbst ist aber nichts weiter als unverdünnte Angst und letztlich eine irreale Täuschung. Bis die Liebe es wieder zurücktreibt zu seinem wahren Ursprung und Seinszustand, dem Bewusstsein in dem einen absoluten Sein dessen, was ‚Alles' ist."

(Siehe mein Buch: *STOPP – Die Umkehr des Alterungsprozesses*)

Bis zur Rückkehr in den wahren Ursprung und Seinszustand durchlebt der Mensch eine Vielfalt an Bewusstseinsebenen:

- komplett dunkles unbewusstes Leben (Gleichgültigkeit)
- Überleben und Fortpflanzung
- Leid, Angst und Schmerz
- Streben nach Macht
- das Annehmen von Liebe
- das Ausdrücken von Liebe
- das göttliche **Prinzip** in allem erahnen und achten
- das Erkennen des Ur-**Prinzips** und somit des eigenen göttlichen Wesenskerns
- das Ausleben dieser letzten mächtigen Erkenntnis – schöpferisches Leben im Licht.

Das Leben im Licht, in weißem Licht, ist das Zentrum und das letzte Ideal der Einheit und Harmonie.

Es gibt nur Licht! Finsternis ist nur (!) und nicht mehr als die Abwesenheit von Licht! Aber es braucht nur ein einziges Streichholz, um alle Finsternis aus einem Raum zu vertreiben.

> „Wisse, oh Mensch, das Licht ist Dein Erbe,
> wisse, dass die Dunkelheit nur ein Schleier ist.
> In Deinem Herzen versiegelt ist
> die ewige Leuchtkraft, die darauf wartet,
> den Moment der Freiheit zu erlangen,
> darauf wartet,
> den Schleier der Nacht zu zerreißen."

Smaragdtafel IV

Das Folgende ist wichtig zu erfassen: Das **Prinzip** ist das genaue Gegenteil der Finsternis der Angst. Im Angesicht des Erkennens des Kerns, der reinen Liebe, schmilzt jede Furcht.

Von dieser Warte aus betrachtet, können wir alles, was folgt, der Wahrheit entsprechend verstehen und aufnehmen. Denn Angst, Leid und Mangel sind auch nur Abwesenheit von Licht (Farbe).

> „Aber der Mensch ist ein lichtgeborener Geist.
> Ohne Wissen kann er jedoch niemals frei sein.
> Dunkelheit umgibt den Lichtgeborenen,
> Finsternis fesselt die Seele.
> Leuchte heraus, oh Menschenseele,
> erfülle die Dunkelheit des Raumes."

Smaragdtafel IX

Wir sind in unserem Kern schlafende Herrlichkeiten. Wir sind nur hier, weil wir uns begrenzt haben. Was hindert uns, uns zur gegebenen Zeit wieder zu erweitern?

Wir sind Bewusstsein, ein Bewusstsein, welches Mensch spielt, scheinbar, aber doch niemals wirklich begrenzt.

Wir haben das Licht gedimmt, den Horizont eingeengt. Wir können darum nur in dem Maße das Licht sehen, wie wir uns selbst erkennen. Wir können nur das sehen, was wir selbst sind. Wir können im Außen nichts wahrnehmen, was wir nicht schon im Inneren (Geist/Bewusstsein) sind. Wir können es weder erkennen noch erfassen.

Es ist gerade so, als würde man verschiedene Sprachen sprechen und versuchen, sich zu unterhalten. Der Inhalt dessen, was man sagt, mag zwar voller Weisheit sein, doch solange das Gegenüber die Sprache nicht beherrscht – sie also nicht in sich hat – wird es den Inhalt nicht verstehen können. Ein Vortrag über das Wunder des Lebens auf Japanisch wird jemanden, der eben nur Italienisch spricht, nicht vom Hocker reißen. Für ihn ist das Ganze nur eine einschläfernde Geräuschkulisse und mehr nicht.

Man kann einem Blinden die Farben nicht wirklich erklären, er hat keine „Schublade", in die er das Gesagte legen könnte, um es dort aufzubewahren. Es muss in uns einen vorbereiteten „Bewusstseins-ordner" geben, um die Inhalte darin abzulegen, die uns übermittelt werden.

Wir sehen nur, was wir sehen wollen. Wir können nur das wollen, dessen wir uns selbst bewusst sind. Demzufolge brauchen wir in uns nur ein entsprechendes Bewusstsein für vollkommene Gesundheit, Partnerschaft, Finanzen, Glück, Freude und für die höchste Liebe zu schaffen, damit wir all das erfahren können. Denn all das Erwähnte ist in großer Fülle jederzeit zum Greifen nahe.
Das Geheimnis besteht darin, das entsprechende schöpferische Bewusstsein im **Prinzip** zu entwickeln.

Das bedeutet es, den Geist zu befreien!

> *„Der Verstand lügt.*
> *Ein Verstand, der nicht lügt,*
> *löst sich auf und macht Platz*
> *für die Gesamtheit des Seins."*
>
> Stefano Elio D'Anna

Doch wer in seinem täglichen Bewusstsein nur Gedanken des Mangels, der Armut und des Ärgers bewegt, verfügt nicht über das entsprechende schöpferische Bewusstsein. Ein Bewusstsein, das durch seine Haltung und Worte Mangel ausdrückt, wird immer auch im Mangel leben. Es gibt genügend Menschen, die immer nur aus einem ängstlichen Mangelbewusstsein heraus an allem sparen. Und damit erschaffen sie fortwährend blanken Mangel.

Ich kenne das aus eigenem Erleben. Wann immer meine Frau und ich früher über Geld sprachen, geschah es aus einem Mangelbewusstsein heraus. Und so hatten wir nie genug Geld. Eines Tages vereinbarten wir, dass wir nur noch so über dieses Thema sprechen wollten, wie Menschen, die bereits wohlhabend sind:

Man redet nicht über Geld, man hat es!

Nicht nur, dass es Spaß machte, es passierte auch etwas! Ab diesem Zeitpunkt war immer mehr als genug Geld da. Sie finden das erstaunlich? Tatsache ist: Wir hatten über zehn Jahre lang Bücher über Bücher gelesen, Vorträge und Seminare besucht – alles zum Thema, wie man richtig „glaubt". Doch es hat erst dann wirklich funktioniert, als wir es schließlich ganz natürlich aus unserem bewussten Geist (!) und den Spielregeln des Lebens heraus taten.

Wir können nicht darauf warten, dass irgendein mysteriöses Schicksal uns den Lottogewinn beschert. Vergessen Sie das – der größte Gewinn liegt in Ihren verborgenen Fähigkeiten.

Die Frage nach der Grundlage des Bewusstseins beginnt immer mit der Frage nach der Identifikation. Wir treten deshalb im Folgenden noch ein Stück tiefer in das Mysterium ein.

Identifikation

„Der Mensch ist nur das, was er glaubt.
Ein Bruder der Dunkelheit oder ein Kind des Lichts."

Smaragdtafel X

Ohne Identifikation ist man eine Marionette der Gefühle und der äußeren Umstände. Identifikation findet immer dann statt, wenn eine Person sich in Gedanken mit jemandem oder mit etwas verbindet. Es findet so eine Reflexion über das Objekt der Identifikation statt. Hält das an, so kommt es zum Assimilieren der Eigenschaften und Form des Objektes: Dabei findet ein Austausch statt, sodass sich Subjekt und Objekt annähern und schließlich verbinden.

Es gibt unzählige Beispiele für eine solche Identifikation. Ein extremes und ebenso profanes Beispiel ist das Verhalten von jugendlichen Fans:

Eine trendige Mediengestalt, beispielsweise ein Popstar, ist Auslöser zur Errichtung einer ganzen Gedankenwelt. Diese hält das „Objekt" der Identifikation im Bewusstsein des Fans. Die innere Gedankenwelt wird von diesem Ideal schließlich so weit geprägt, dass es seinen Ausdruck bald in der Kleidung, in der Frisur und im gesamten Auftreten findet.

Wir alle suchen nach einem Bild des innerlich Gesuchten in der äußeren Welt. Wir sind heimlich süchtig danach.

Auch erwachsene Menschen definieren sich gern über etwas in der materiellen Welt – beispielsweise über ihr neues Auto, ihr Haus, ihren persönlichen Erfolg, ihre sportlichen Leistungen oder die bevorzugte Zigarettenmarke. Alles das sind Dinge im Außen. Doch wie soll etwas von innen nach außen werden, solange im Inneren kein substanziell wichtigerer Gegenstand der Identifikation vorhanden ist? Das ist unmöglich.

Identifikation ist immer die Voraussetzung für BewusstSEIN.
Wir sind das, womit wir uns identifizieren. Und wir strahlen/senden das aus, was wir meinen zu sein. Die Identifikation ist der Anfang der Bewusstwerdung unseres Wesenskerns.
In der Regel vertuschen wir so lange unseren Kern, bis wir selbst nicht mehr wissen, was das genau ist. Man kann sich vorzüglich hinter der Materie verstecken, um seinen wahren empfindlichen Kern zu schützen. Wir sind wie Licht, das man unter einen Eimer stellt, und spielen das überaus seltsame Spiel des Vergessens.

Doch in unserem Wesenskern verbirgt sich dieser vergessene Schatz, eine Wirklichkeit, die einem den Atem zu rauben vermag.

„Er sagte: ‚Wer sucht, soll nicht aufhören zu suchen,
bis er findet. Und wenn er findet,
wird er in Erschütterung geraten;
Und wenn er erschüttert ist, wird er verwundert sein,
und er wird König sein über das All.'"

Thomasevangelium, Vers 2

Die Frage ist: Was, wer und wie ist man wirklich hinter dem Schatten-spiel in seinem Wesenskern? Wenn man diese eine Frage wissend be-antworten kann, wird man mehr als verwundert sein. Staunend wird man sein Leben erfahren und endlich die Farben sehen, die eigentlich schon immer da waren.

Michelangelo wurde einst gefragt, wie es ihm möglich sei, aus einem großen groben Klotz aus Marmor eine so vollendete Skulptur wie die des David zu meißeln. Der Künstler antwortete: *„Das Bildnis war schon von jeher in dem Stein, ich habe es lediglich von unnötigem Material befreit."*

Wir sind nicht außen, wir sind innen. Darum lohnt es sich, diese innere Welt zu erforschen und freizulegen. Aus ihr entsteht die Wirklichkeit, die wir tagtäglich erleben. Es ist nicht wichtig, was wir haben oder zu können glauben, wesentlich ist, dass wir gewohnt sind, uns selbst zu sein – wahres Sein mit aller Konsequenz.

Identifikation kennt nur eine Feststellung und das ist „Ich bin..."
Ich bin dieses, ich bin jenes. In dem Moment, wo ich sage „Ich bin", fin-det eine Identifikation und somit eine reale Verbindung statt. So kann ich alles sein, was ich sein will!

Wir bekommen, was wir sind.

Das „Schwierige" daran scheint zu sein, dass es eigentlich kinderleicht ist: Als kleiner Junge nutzte ich diese Gesetzmäßigkeiten unbewusst, aber es funktionierte. In meiner jugendlichen Begeisterungsfähigkeit träumte ich von vielen Dingen. Beispielsweise von einem Moped. So besorgte ich mir den Katalog meiner Lieblingsmarke und studierte begierig die Leistungsdaten und das Aussehen „meiner Maschine". Der Katalog war bald ausgefranst, da er mein ständiger Begleiter wurde und ich keine Gelegenheit ausließ, mich daran zu erfreuen.
Die Folge: Kurze Zeit später stand es, mit einer Schleife versehen in unserem Keller: mein nagelneues Moped! Aber es war nicht das, was

ich mir im Katalog herausgesucht hatte, nicht einmal die Marke war dieselbe. Es war ein viel besseres und teureres Modell!

Irgendwie nutzte ich damals die Gesetze des Lebens, ohne sie zu kennen – einfach aus kindlicher Freude. Die Freude ließ mich so lange um diesen Wunsch kreisen, bis eine reale Verbindung (Identifikation) damit stattfand und ich und mein zukünftiges Gefährt sich so einander „anglichen". Es konnte nach den geistigen Gesetzen gar nicht anders geschehen, als dass das Moped in meine Realität kam!
Genau das ist Identifikation: So lange um etwas kreisen, bis Gleiches sich gegenseitig magnetisieren kann.

Doch die höchste und letzte Identifikation ist ein Geheimnis der individuellen Reife: Stellen Sie sich vor, Sie wären reines Bewusstsein – jenseits von Zeit und Raum. Ohne dass über „Ewigkeiten" hinweg etwas geschieht. Sie würden den Wunsch entwickeln, etwas zu erfahren. Sich zu erfahren. Nun ist es aber so, dass es nur Sie gibt. Nur Geist … Da ist kein Gegenüber. Ein Bewusstseinspunkt, unendlich in alle Richtungen, aber da ist nichts, um sich selbst zu erfahren.
Die Frage wäre: *„Ich??? Wer bin ich?? Und wie kann ich mich selbst erfahren?"* Die Antwort: *„Ich kann mich selbst nur erfahren, indem ich mich nach außen projiziere!"*

Die Selbstprojektion „Es werde…"

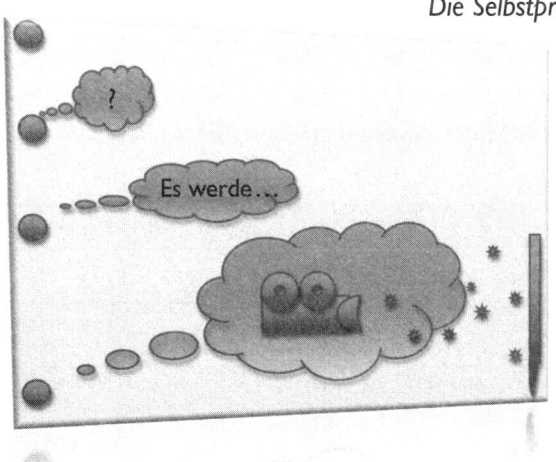

Der Kosmos ist die Leinwand, die Gedanken sind das Projizierte und das Bewusstsein ist der Projektor. Das Universum wurde gemacht um der Selbsterfahrung des Einen willen und jede Erfahrung ist dabei möglich. Ihre Erfahrungen, unsere Erfahrungen sind somit unglaublich wichtig. Sie sind der Sinn des Daseins, der Sinn unserer eigenen Projektion.

Sind wir also Gott? Entschuldigen Sie, aber: Wenn das, was wir „Gott" nennen, ALLES ist, wie könnten wir da etwas anderes sein als Gott?
Der Beobachter und das Beobachtete sind (fraktal) ein und dasselbe!

Dazu eine kleine Geschichte:
Ein großer geistlicher Lehrer klopfte eines Tages an das Tor zum Paradies. Nach einiger Zeit kam Gott zur Pforte und fragte: *„Wer ist dort? Wer klopft an?"*
„Ich bin es!", gab der Lehrer prompt zur Antwort.
„Tut mir sehr leid. Im Himmel ist gerade kein Platz. Du musst leider wieder gehen; du kannst es ja zu einem späteren Zeitpunkt noch einmal versuchen."
Und so ging der gute Mann äußerst verwirrt von dannen. Er meditierte einige Jahre und sann über diese seltsame Zurückweisung nach. Und eines Tages ging er wieder zum Paradies und wollte um Einlass bitten. Wieder wurde ihm die Frage: *„Wer ist dort? Wer klopft an?"*, gestellt, und wieder antwortete er; *„Ich bin es!"* Und noch einmal ließ man ihn wissen, dass der Himmel augenblicklich leider „überbelegt" sei.
In den Jahren, die dahingingen, drang der Lehrer tiefer und tiefer in sich, meditierte und sann nach. Als schließlich sehr viel Zeit verflossen war, klopfte er zum dritten Mal an die Tür des Himmels.
Und wieder fragte Gott, wer da sei.
Diesmal antwortete der Lehrer: *„Du bist es."*
Und da öffneten sich die Tore und Gott sprach: *„Komm herein. Hier gab es noch nie genug Platz für mich und für dich."*

„Lehre mich, Dich tief in mir zu suchen,
bis ich erkenne, dass Du es bist,
der zu meinem Ich geworden ist."

Paramahansa Yogananda

Werden wir von Gott geträumt? Würden wir es wissen, wenn es nur ein Traum wäre? Was passierte, wenn wir aus dem Traum erwachen würden?
Oder ist das Leben Gott, der nur träumt, Mensch zu sein?
Was wäre nun, wenn unsere Realität tatsächlich nur virtuell wäre?

„Was letzten Endes ist Gott?
Ein ewiges Kind, das in einem ewigen Garten
ein ewiges Spiel spielt."

Sri Aurobindo

Stellen Sie sich vor, Sie würden ein Spiel spielen und würden während des Spielens – vielleicht ganz absichtlich – einfach vergessen, dass Sie gerade ein Spiel spielen. Das Vergessen würde die Spannung unweigerlich steigern und das Erlebte vor allem erst richtig realistisch erscheinen lassen.
Nur durch das Erinnern, wer wir wirklich sind – in unserem Wesenskern – lernen wir, das Spiel bewusst spielen. Das kann die Spannung und den Spaß weiter ins Unermessliche treiben.
Man kann ein Bewusstsein (Geist) nicht lernen, man ist ein Bewusstsein (Geist), welches sich irgendwann erinnert.
An sich erinnert!

Sie sind in diesem Spiel oder Film alles zugleich: der Beobachter, der Zuschauer, der Autor, der Regisseur, der Hauptdarsteller und die Akteure der Nebenrollen. Sie selbst haben das Drehbuch geschrieben und lassen sich von der Täuschung der Zeit angenehm blenden, um so im Vergessen zu behalten, wer Sie eigentlich wirklich sind. Die Bühne des Lebens, dieser Film, den wir die „Wirklichkeit" nennen, ist unser eigenes Produkt. Es gibt nicht eine Szene, die nicht aus uns selbst entsprungen wäre. Nicht eine!

Die Welt ist inszeniert.

Mein Bestreben ist es, Ihren Blick auf das zu richten, was Sie sind … weg von dem, was Sie nicht sind. Denn je höher das „Objekt" unserer Identifikation, desto höher auch die Resultate. Wenn wir einzig nur die menschliche Ebene zur Identifikation heranziehen, werden wir auch nur menschlich bleiben können, mit all den Problemen, Dramen, Unglücken … und fern unserer letzten Bestimmung.
Das ist von Bedeutung, um die ganze Tragweite des **Prinzips** zu verstehen. Nur so können wir all die Dinge in unser Leben ziehen, die uns und unserer Mitwelt wirklich nützen.

Wenn der Finger zum Himmel deutet,
schaut nur ein Dummkopf den Finger an.
Ein Weiser richtet seinen Blick
auf den Himmel selbst.

Der beste Weg, um erfolgreich mittels des Ur-**Prinzips** Dinge und Situationen bewusst zu erschaffen und anzuziehen, liegt allein in unserer Identifikation mit dem wahren Kern, dem Realität schaffenden Geist!

Die Frequenz, in der unser Bewusstsein schwingt, erzeugt durch das Gesetz des **Prinzips** erst die richtige Resonanz in uns und zieht so das Gewünschte – mit derselben Resonanz – unweigerlich zu uns. Je stärker die Identifikation, desto bewusster ist das Sein, desto größer die ausgestrahlte Resonanz, desto kraftvoller seine Anziehung, desto offensichtlicher und schneller der Ausgleich zur Harmonie durch das Gesetz von Ursache und Wirkung.

Je besser Sie sich kennen, desto präziser reagiert das Universum auf Ihre Wünsche.

Glück allein macht glücklich.

Darum: Versuchen Sie erst gar nicht, etwas zu werden, seien Sie einfach!
Finden Sie heraus, wer Sie wirklich sind, identifizieren Sie sich ausschließlich damit und erleben Sie, welche fantastischen Wirkungen dies in Ihrem täglichen Leben hat. Dann werden Sie sich mit der Hand gegen die Stirn klatschen und sagen: *„Jetzt weiß ich, was der verrückte Kerl in seinem Buch gemeint hat!"*

Wir können nur das im Außen erschaffen,
was wir im Innen schon sind.
Aber wir können zu jeder Zeit alles sein!

Das vollkommen erleuchtete SEIN ist verbunden mit allem und somit gleich mit allem. Da Gleiches mit Gleichem in Resonanz geht und sich also anzieht, können wir alles sein und erhalten, was denkbar ist!!!

Identifikation ist einfach nur eine Vereinigung mit dem Objekt, mit dem man sich identifiziert. Identifikation ist somit die Gleichmachung (Verbindung) mit dem Objekt der Identifikation. Dies ist die Vereinigung der Gegensätze zur Auflösung der Trennung, zum Vergeistigen der Materie, wie es in den Schriften geschrieben steht.

Sobald man sich nun mit dem wahren Kern seiner „lichten" Person identifiziert (vereint, gleichmacht), baut sich die mächtigste aller Resonanzen auf. Dies nun ist die Magnetkraft für alles, was wir uns wünschen können.
Das (bewusste) Sein des Geistes wirkt mit der höchsten magnetischen Kraft auf das Gewünschte und ist immer (!) frei von Zweifel. Durch die

Identifikation mit dem Ich-bin-**Prinzip**, das alle geistigen Gesetze umfasst, gehen wir in seine Resonanz und erzeugen so, gemäß dem Gesetz des Ausgleichs, eine Anziehungskraft auf das, was wir als Teil von uns erkannt haben (*„Ich bin …"*). So setzen wir die Ursache, welche uns als Wirkung vermögend, glücklich, attraktiv oder was immer wir in unserer Vorstellung sein wollen, machen kann.

Nicht *„Ich will!"*, sondern *„Ich bin!"* Das ist das **Prinzip** in seiner Anwendung!

> *„Dein Licht, oh Mensch, ist das große Licht,*
> *das durch den Schatten des Fleisches scheint."*
>
> *Smaragdtafel IX*

Aller Glaube, alles Wissen, aller Wille, die ganze Sichtweise der Welt und der Dinge haben letztlich ihre Wurzeln in der Identität. Hier liegt der Urgrund für die absolute Freiheit oder aber für die Begrenzung des göttlichen Funkens in uns. Es ist eine göttliche Frequenz in uns selbst, genauer: eine Seinsfrequenz, die der eigentliche heilige Schlüssel ist.

Die einzelnen Gesetze für sich sind immer nur Teile des ganzen Geheimnisses. Nur zusammen werden sie zum Generalschlüssel, welcher das Tor des **Prinzips** des vollendeten SEINS vor uns öffnet. Ein geistiges Gesetz allein schafft keine bleibende Wirkung. Es bedarf der Verbindung mit den übrigen Gesetzen – dem Gesetz der Resonanz, dem Gesetz des Ausgleichs, dem Gesetz der Analogie, dem Gesetz der Anziehung, dem Gesetz der Kausalität, dem Gesetz des Rhythmus und dem Gesetz der Vereinigung des Geistes in dem Wissen, dass alles zwei Pole hat.

> *Wir werden das,*
> *woran wir am meisten denken.*
> *Wir ziehen an, was wir sind.*

Das **Prinzip** wirkt durch die jeweiligen ausgewählten Frequenzen des Wesenskerns und wirkt so anziehend durch die jeweilige ausgesandte Resonanzfrequenz. Durch die Fokussierung auf diese bestimmten Frequenzbereiche schafft man die entsprechende Realität.

Ein weiteres Beispiel:
Sie träumen von einem eigenen Haus, vielleicht mit Garten. In Ihrem Bewusstsein kreisen Sie begeistert um die Möglichkeit des eigenen Heims. In Gedanken laufen Sie durch die Zimmer und richten sie wohnlich ein. Im Wohnzimmer steht die geschmackvolle Sitzgruppe und Sie können durch die große Fensterfront auf die Terrasse schauen. Sie können schon sehen, wie Sie im Garten ein duftendes Kräuterbeet anlegen und wie schön der Apfelbaum blüht.
Dieser Traum wäre nun ein tatsächlicher Ausdruck (Wunsch) von Ihnen selbst, genauer von: Ihrem Selbst! Sie umkreisen diesen Wunsch, verbinden sich aktiv mit ihm und laden ihn durch Ihre Freude daran mit Energie auf. Sofort entsteht aus der Auswahl an Wahrscheinlichkeiten noch unsichtbare Vormaterie, die sich langsam verdichtet und bald sichtbar wird.
Jetzt gilt es, alles zu vermeiden, was diesem Wunschtraum seine Kraft rauben könnte, wie folgende Gedanken: *„Na ja, ist ja nur ein Traum"* oder *„So etwas hätte ich ja eigentlich gern."*
Statt dessen bleiben Sie spielerisch und mit Leichtigkeit dabei. Dann wird es so in der Realität geschehen müssen und sogar noch besser, als es in den Gedanken beschaffen war.
Dadurch, dass das Haus in Ihrem Inneren bereits fertig angelegt ist – allein als „Gedankengebäude" – entsteht ein Vakuum, ein mächtiger Sog, eine Magnetkraft, eine Anziehung, Vormaterie. Und so geschieht es von ganz allein, dass es in die Realität kommt!

Wichtig: Erst und allein durch Identifikation (Umkreisen) wird das wirklich Gewünschte zu einem realen Teil von uns selbst in unserem schöpferischen Bewusstsein. Und da Gleiches immer Gleiches anzieht, kommt es auf wundersame Art in unser Leben „gerast". Dies ist so sicher, wie es das Gesetz der Schwerkraft ist.

Ist dieser schöpferische Vorgang anstrengend? Nein. Das Geheimnis liegt darin, dass wir uns nur an diese Art zu denken gewöhnen und dauerhaft die Richtung beibehalten müssen. Deshalb ist dies das erste Gesetz des Geistes.

Alles, was man sich wünscht, ohne dass es ein Teil von einem wird und somit die gleiche Frequenz hat, ist aufgesetzt, meist nur von kurzer Verweildauer in unserem Leben und befriedigt nicht vollständig.

Das **Prinzip** wirkt im Gegensatz dazu immer völlig natürlich von innen nach außen. Erst entsteht es in uns und wird dann mit Leichtigkeit im Außen sichtbar. So werden das Objekt und das Subjekt eins.

> *„Der Weise sucht in seinem Innern,*
> *der Narr in der Welt."*
>
> Aus China

Die 7 Gesetze sind der Ausdruck des Geheimnisses. Sie zu kennen vereint (Identifikation) mit dem unfassbaren „Alles, was ist". So treten wir durch das Tor zur wahren Freiheit und zum Geheimnis, das uns ermöglicht, die gewünschte Realität zu erschaffen.

Zusammenfassung von „**Bewusstwerdung**"

- *Das **Prinzip** mit den 7 geistigen Gesetzen wirkt durch das Bewusstsein.*
- *BewusstSEIN ist eng verknüpft mit dem Geheimnis des „Ich bin".*
- *Bewusstsein steht in Wechselwirkung mit Gedanken und Gefühlen.*
- *Das Bewusstsein (der Geist) ist der Beobachter.*
- *Identifikation ist der Ursprung der Bewusstwerdung.*

Die geheimen Gesetze der Realität

Die 7 Gesetze des Ur-Prinzips

*„Die Prinzipien der Wahrheit sind 7;
derjenige, der sie kennt und versteht,
besitzt den Meister-Schlüssel, durch dessen
Berührung alle Tore des Tempels sich öffnen."*

Das Kybalion

Es gibt an der Zahl 7 Gesetze des inneren Reiches, welche aufzeigen, wie Realität funktioniert.

Das Ur-**Prinzip** selbst ist im eigentlichen Sinne nur ein einziges „Gesetz". Es wird aber aufgrund seiner augenscheinlichen Abstraktheit in 7 praktische Gesetze unterteilt. Diese 7 geistigen Gesetze zeigen den Charakter des Geheimnisses des Ur-**Prinzips**. Durch sie haben wir Einblick in die Gedanken des Ur-Schöpfers. Sie sind die geheimen Gesetze der Realität und ihrer Erschaffung.

Das Geheimnis selbst lässt sich mit weißem Licht vergleichen: Weißes Licht beinhaltet alle 7 Spektralfarben. So wie das eine weiße Licht (das **Prinzip**) durch ein Prisma in seine 7 Spektralfarben (die geistigen Gesetze) zerlegt wird, dabei aber im Ursprung harmonisch alle Farben in sich vereint, so sind auch die geistigen Gesetze nur die 7 Aufspaltungen des einen ewigen **Prinzips**.

„Ohne diesen Meister-Schlüssel ist Meisterschaft unmöglich und der Schüler pocht ohne ihn vergeblich an die Tore des Tempels."

Das Kybalion

Diese geistigen Gesetze sind ein Teil des Wissens der *Smaragdtafeln*, die einst die Tempelritter in den Sarkophagen fanden. Dies ist das Geheimwissen der Eingeweihten aller Zeiten. Die 7 Gesetze zu kennen, offenbart uns so das letzte aller Geheimnisse.

1. Das Gesetz der Geistigkeit
Alles ist Geist. Das Universum ist mental. Die Schöpfung geschieht durch Gedanken. Geist herrscht über Materie.

2. Das Gesetz von Ursache und Wirkung
Jede Ursache hat eine Wirkung. Jede Wirkung hat eine Ursache. Jede Aktion erzeugt eine bestimmte Energie, die mit gleicher Intensität zum Ausgangspunkt zurückkehrt.

3. Das Gesetz von Analogie und Entsprechung.
Wie oben, so unten, wie unten, so oben. Wie innen, so außen, wie außen, so innen. Wie im Großen, so im Kleinen, wie im Kleinen, so auch im Großen.

4. Das Gesetz von Anziehung und Resonanz
Gleiches zieht Gleiches an und wird durch Gleiches verstärkt. Ungleiches stößt sich ab. Alles hat eine bestimmte Frequenz und steht in Resonanz zu etwas.

5. Das Gesetz von Harmonie und Ausgleich
Der Fluss allen Lebens heißt Harmonie. Alles strebt zur Harmonie und zum Ausgleich. Der Anziehung geht immer eine Leere (Vakuum) voraus. Das Stärkere bestimmt das Schwächere.

6. Das Gesetz von Rhythmus und Schwingung
Alles fließt hinein und wieder heraus. Alles besitzt seine Gezeiten. Alles steigt und fällt. Alles ist wie eine Pendelschwingung. Nichts ruht, alles ist in Bewegung, Veränderung und in einer Umwandlung. Rhythmus ist ausgleichend.

7. Das Gesetz von Polarität und Geschlecht

Alles besitzt Pole. Alles besitzt ein Paar von Gegensätzen. Alles hat einen männlichen und einen weiblichen Anteil. Gegensätze sind ihrem Wesen nach identisch. Gleich und ungleich sind Abstufungen von Einem.

Über allem aber steht die wahre, reine Liebe – das **Prinzip**!

„Wisse, oh Mensch, dass all das, was existiert, seine Existenz nur aufgrund des Gesetzes hat. Erkenne das Gesetz und Du wirst frei sein, niemals gebunden durch die Fesseln der Nacht."

Smaragdtafel X

Das bedeutet für Sie:

1. Geist herrscht über Materie: **Sie** sind Geist. **Sie** sind die Quelle **Ihrer** Schöpfung. **Sie** als Geist bestimmen die Materie.

2. Dieser Geist setzt eine Ursache durch Gedanken und Worte: **Sie** setzen Ursachen, **Sie** bestimmen damit die Wirkung. Sie agieren, es reagiert.

3. Diese Ursache ist ein Spiegel des vorherrschenden Bewusstseins: So wie **Sie** sich selbst sehen – das, was **Sie** im Inneren (Bewusstsein) vorfinden –, bestimmt, was **Sie** analog dazu als Wirkung im Außen erfahren!

4. Dadurch entsteht eine Resonanz durch **Ihre** vorherrschende Frequenz: Was **Sie** selbst in sich sind, ist die ausgesandte Frequenz. Das Ausgesendete strebt dabei als natürliche Konsequenz zur Verbindung mit einem Gegenstand derselben Resonanz und schafft letztlich so die eigentliche Anziehung.

5. Dadurch baut sich eine „Spannung" auf: **Sie** als das Stärkere bestimmen die Kraft der Spannung. Diese Spannung sucht nun immer ihren Ausgleich zur Harmonie – wie ein Gewitter, das sich entladen muss.

6. Dieser Ausgleich erfolgt zu seiner „Zeit" durch das Gesetz des Rhythmus: Durch **Ihre** Frequenz/Resonanz des Bewusstseins/Geistes erzeugen **Sie** eine (Pendel-)Schwingung und somit die erwünschte Bewegung/Veränderung. Diese gleicht so die Welt **Ihnen** an. Die Realität

folgt **Ihnen**. (Erst wenn alle Wünsche in uns erfüllt wurden, kehrt das Pendel zum Stillstand zurück.)

7. Dies nun ist die Vereinigung von Objekt und Subjekt zu Einem (Empfangen). Es gab nie ein Hier oder Dort oder eine Trennung: **Sie** sind so die Vereinigung der Gegensätze. Durch dieses Gesetz werden die Dinge eins, die getrennt zu sein schienen. Die Verbindung zu allem wird wieder hergestellt. **Sie** sind EINS. Die Bestimmung der Vergeistigung der Materie wird so vollbracht!

Die 7 Gesetze sind eine Wirkeinheit!

Diese ewigen Gesetze sind die höchste Ehrung Ihres göttlichen Kerns. Ein Verbeugen vor der Schönheit des absoluten ICHs. Dies ist die kosmische Poesie der kosmischen Liebe!

Das Ur-**Prinzip** selbst ist das eine Gesetz der gottgleichen Liebe und das ist die Vereinigung aller Gesetze zu Einem. Damit ist jedoch nicht eine Form von Liebe gemeint, die menschlich wäre oder vom profanen Verstand erfassbar.

> *„Wenn auf der Erde die Liebe herrschte,*
> *wären alle Gesetze entbehrlich."*
>
> *Aristoteles*

Es ist vielmehr eine Liebe gemeint, die umfassender, universeller, göttlicher ist, jenseits des Vorstellungsvermögens. Es ist das Gesetz der Einheit von allem und der Verbindung/Verbundenheit mit allem. Wer diese Liebe kennt, hat sich SELBST erfahren. Die 7 Gesetze sind „nur" ein Spiegel, eine Aufteilung des einen Gesetzes der Liebe.

Wir werden selbst zur Erfüllung dieser Gesetze. Wir selbst verbinden uns wieder mit der Quelle und erkennen so unsere Einheit damit. „Ich bin" ist diese vollkommene Liebe. Das **Prinzip**, das Gesetz der kosmischen Liebe, ist also das Ich-bin-**Prinzip**, welches immer war und jetzt wieder sein muss!

„ ... denn nur durch das Gesetz
kommt die Freiheit des Menschen."

Smaragdtafel III

Erkennen Sie nun die Einfachheit des Lebens?!
Diese Gesetze haben in jedem unserer Lebensbereiche eine praktische Wirkung. Durch die Kenntnis und ihre Anwendung können wir damit jede Situation in unserem Leben verändern. Erläutern möchte ich das am Beispiel der Partnerschaft: Um einen beständigen Gleichklang (Gesetz 5) in der Beziehung zu erzeugen, bedarf es einer gemeinsamen Resonanz zu etwas (Gesetz 4), das bedeutet: Die Frequenz, auf der man sendet und empfängt, muss also übereinstimmen. Das Gesetz des Geistes (Gesetz 1) erklärt uns die Wahrheit über unsere Person und über die des Partners und dass wir viel mehr sind als das, was man mit den Augen sieht, nämlich: erhabene Wesen des Geistes.
Wenn nun beispielsweise beide Partner ein ähnliches Selbstbild schaffen (Gesetz 2), erschaffen sie auch eine gemeinsame Frequenz und zukünftig dieselbe Resonanz, und gleiche Resonanzen ziehen sich bekanntlich an.
Wenn zwei übereinkommen, eine gemeinsame Resonanz zu etwas aufzubauen, wird alles möglich!
Durch das weitere Zusammenkommen der Gegensätze Mann und Frau (Gesetz 7) entsteht nun immer Frucht: körperlich als Nachkommen, mental vielleicht als ein erfolgreiches gemeinsames Projekt und emotional als eine bleibende Euphorie der vollkommenen Liebe (Gesetz 3). Das ist wahre Verbindung.
Dasselbe geschieht am Arbeitsplatz: Das Stärkere bestimmt das Schwächere (Gesetz 5). Die Stärke wird vom SELBSTbewusstsein bestimmt. Wenn also Ihre Resonanz stärker ist als die des Konkurrenten oder gar des Chefs selbst, bestimmen Sie, wo es langgeht (Gesetz 4)! Wenn Sie die Spielregeln kennen, bestimmen Sie das Spiel, indem Sie eine höhere Ursache (Gesetz 2) setzen, was immer eine entsprechende Wirkung nach sich zieht. Das Pendel (Gesetz 6) schwingt immer und wir sind es, die bestimmen können, was es zu uns bringt.

*„Jedoch wisse, dass der Mensch
durch alle Teile hindurch Zugang zum Gesetz hat,
wenn er nur will."*

Smaragdtafel XII

Da diese Gesetze unsere innerste Welt darstellen, haben diese auch
eine vollendete Wirkung auf die äußere Welt. Sie sind der Urgrund für
alles Erleben, für die Erschaffung der Materie, des Umfeldes und der
Umstände. Diese 7 Gesetze, erfasst und zu Einem zusammengeführt,
öffnen damit das letzte Siegel.

Das erste Gesetz (des Geistes) ist dabei das zentrale. Denn wer die
Gesetze des Geistes studiert, studiert den Geist. Erst das Verständnis
für den ursprünglichen Geist (Bewusstsein) gibt uns den Schlüssel in
die Hand zu den anderen Gesetzen.

Es ist immer zuerst das Bewusstsein – seine Frequenz –, das die Ursache setzt, die so eine Resonanz zu etwas schafft, die Anziehung nach
sich zieht, den Ausgleich sucht, Gegensätze vereint.

Ein einzelnes Gesetz ist letztlich nur ein einziges Schloss der insgesamt
7 Schlösser an der Tür zu „Allem, was ist." Ein einzelnes Gesetz für
sich kann sie nicht öffnen. An der Tür zur vollkommenen Freiheit und
zur Offenbarung des letzten und größten Geheimnisses befinden sich
tatsächlich 7 Siegel und deren Schlösser. Diese Schlösser – versiegelt
durch die Unwissenheit der Menschheit gegenüber den Gesetzen des
Lebens – sind die besagten 7 Gesetze des Geistes. Die Tür selbst,
durch die wir in das Vollkommene eintreten, ist das **Prinzip**!

*„ ... gebrauche den Schlüssel der 7
und der Weg wird Dir geöffnet werden."*

Smaragdtafel V

Wer sich selbst in dem Ur-**Prinzip** wiederfindet und sich damit vollkommen identifiziert, braucht sich um keines der Gesetze Gedanken

zu machen, er erfüllt sie alle automatisch und intuitiv. Darum liegt der Fokus in diesem Buch auf der Essenz: dem Generalschlüssel des über allem stehenden Ich-bin-**Prinzips**.

So folgen wir unserer Bestimmung und vergeistigen oder transzendieren uns, die Materie, alles. So wie es der Überlieferung zufolge in den Schriften der Templer geschrieben steht:

„Jeder von uns trägt die gleiche mächtige ‚ICH-BIN-Gegenwart' in sich. Die allmächtige Gottes-Kraft, mit der alles vollbracht werden kann. Denn ein jeder kann alles, was er benötigt, durch die Kraft seiner Gedanken direkt aus dem Kraftvorrat des Weltalls erzeugen.
Voraussetzung, um diese mächtige Kraft zu nutzen, ohne dass den Kindern Gottes ein Leid zugefügt wird, ist, dass ihr euch den Geboten [den 7 Gesetzen] unseres Ur-Schöpfers unterstellt, denn nur dann kann die göttliche Energie, die unbegrenzt im Raum existiert, ohne Schaden eingesetzt werden zur Vergeistigung der Materie.

Seit undenkbaren Zeiten existiert das Alpha-Omega-Projekt [Gottes Spielplatz], das von unserem Schöpfer von Universum zu Universum gebracht wird, um die Materie im Raum zu vergeistigen.
Auch wir Erdenmenschen sind nur ein Teil dieses großen Werkes, bei dem wir helfen, die Energie des Raumes durch die Kraft unserer Gedanken mit der Materie zu verbinden, um sie zu einer in sich geschlossenen Einheit werden zu lassen.
Dies ist der Sinn allen Seins." [4]

Diesen alten Schriften zufolge sind die Gesetze des Lebens metaphysische Abläufe, welche bewirken, dass alles, was wir denken, von uns selbst verwirklicht und somit materialisiert wird. So ist das Ziel die gesetzmäßige vollkommene Beherrschung der Gedankenkraft, um sie nur noch in einer Weise zu verwenden, die der Schöpfung dient, im Sinne einer Liebe, die weder bewertet noch urteilt. Das Ziel ist die Transzendenz aller Dinge, also die Rückführung zur und die Verbindung mit der Quelle. Die „Ich-Bin-Gegenwart" ist dabei die „allmächtige Gotteskraft", mittels der dies alles geschieht.

Das „Ich bin" ist somit das Geheimnis, in seiner ganzen Tragweite gelüftet: das offenbarte **Prinzip**. Es ist die kosmische Liebe, die Ur-Quelle, die Substanz des schöpferischen Bewusstseins und des „Alles ist Eins!". Die alten Weisen vieler Kulturen und die Mystiker der verschiedenen Zeitepochen erkannten, dass ALLES EINS IST und EINS ALLES IST.

> „Da alles im All ist, ist es gleicherweise wahr,
> dass das All in Allem ist.
> Dem, der diese Wahrheit wirklich versteht,
> ist große Weisheit gekommen."

Das Kybalion

Wir sind somit nicht nur ein Teil der Schöpfung. Nein, wir sind vielmehr Teil des Schöpfers selbst und haben so die Fähigkeit, selbst zu schöpfen!
Wie gesagt: Der Geist beherrscht die Materie!

Die mächtige „ICH BIN-Gegenwart", wie sie hier genannt wird, ist der Schlüssel zum Universum und der Sinn unserer materiellen Existenz.

Das **Prinzip** „ICH BIN" ist das Ur-**Prinzip**!

Das Ur-Prinzip

ALLES IST EINS UND EINS IST ALLES.

Worte vermögen nicht auszudrücken, was die letzte Wirklichkeit ist, man muss sie erfahren.

• Man kann das **Prinzip** nicht in eine Form gießen, es würde sich ihr nicht anpassen und letztlich jede Begrenzung sprengen.

- Das **Prinzip** ist so formlos, wie es das Bewusstsein selbst ist.
- Man erlangt es durch Üben einer dementsprechenden bewussten Identifikation.
- Es bleibt so lange abstrakt, bis man es praktisch nutzt (Teil III).
- „Ich bin" ist vollkommenes SEIN, die Verwirklichung des tiefsten göttlichen Kerns in uns und der höchste Ausdruck der höchsten Ur-Liebe.

„Beachte das Gesetz, denn alles ist aus dem Gesetz.
Suche nicht, was nicht des Gesetzes ist,
denn es existiert nur in der Illusion der Sinne."

Smaragdtafel III

Derjenige, der danach strebt, diese mächtigen und doch einfachen Gesetze zu verstehen und entsprechend anzuwenden, muss schärfer auf seine Gedanken und Worte achten. Denn jedes Mal, wenn wir sagen: „Ich bin *dieses* oder *jenes*" setzen wir eine machtvolle, unbegrenzte Kraft in Bewegung, die nicht mehr aufhört zu wirken, bis sie zurückgerufen oder umgewandelt wird. Es liegt also immer eine große Verantwortung bei uns, wann immer wir die Worte „Ich bin" denken oder aussprechen.
„Ich bin" ist die Kraft, welche die Gesetze des Kosmos in Bewegung setzt. Es ist die Anwendung des Arkanums (des Geheimnisses).

Darum sage ich es frei heraus: Wir sind in unserem innersten Sein, welches verschlossen hinter düsteren Fassaden und Mauern begraben liegen mag, göttlichen Ursprungs! Wir selbst sind das **Prinzip**! Wir erfahren uns selbst durch das Ausleben und Erleben des „7 in einem Gesetz". Das Geheimnis ist unser aller Kern.

Das Leben ist nicht außen, es entsteht aus dem Kern und wird dann sichtbar im Außen und nicht andersherum!
(Außen kann nur zum Innen werden durch „Üben", also durch Verinnerlichen.)

Sie fragen sich, wie das funktioniert?
Nach den Gesetzen des **Prinzips** sind wir immer, bevor wir sind. Wir haben, bevor wir haben. Wir wissen, bevor wir wissen. Man muss haben, bevor man hat, sonst wird man niemals haben! Kurz: „Ich bin"!

Das **Prinzip** ist alles. So bedeutet es zu sein, weil man es schon ist. Es gibt keine Erfüllung von Wünschen, sie sind bereits erfüllt (in den Wahrscheinlichkeitsfeldern, bevor sie in der Realität sichtbar werden). Wir sehen dies nur so lange nicht, wie die Augen dafür verschlossen sind. Die Vereinigung durch das ewige „Ich bin" öffnet die Augen für die Tatsache, dass wir in Wirklichkeit nie begrenzt waren, es nur nicht wussten.

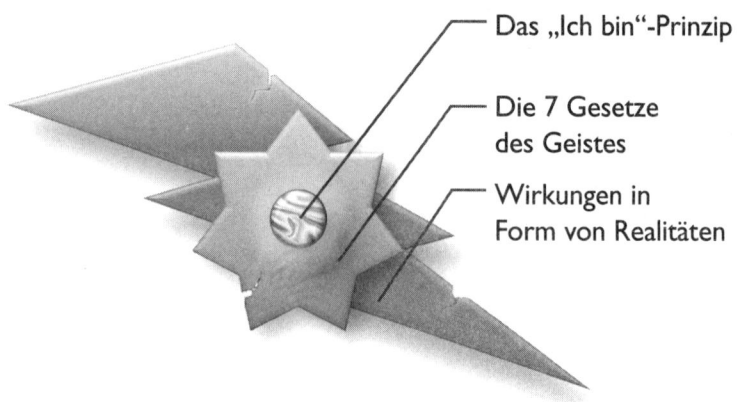

Das „Ich bin"-Prinzip

Die 7 Gesetze
des Geistes

Wirkungen in
Form von Realitäten

Das schöpferische „Ich bin"

Alle Schöpfung kommt aus dem Bewusstsein des „Ich bin"-**Prinzips**. Dieses **Prinzip** spricht: *„Ich bin und es sei ..."*, und es ist. Es muss daher sein, noch „bevor" es ist. Zu warten, bis es irgendwie wird, und erst dann daran zu glauben, ist absolut töricht.
Aus Glaube zu glauben, aus Sein zu sein, habend zu „bitten", aus Wissen zu wissen, aus Liebe zu lieben ... Das ist es! Das genau ist es! Das ist der Weg des Ur-**Prinzips**!

> *„Denn wer hat, dem wird gegeben werden ..."*
>
> Markus 4,25

Alle Erfolgreichen (und auch erfolgreich bleibenden) Menschen haben eine auffällige Gemeinsamkeit: Sie wissen, was sie wollen (weil sie wissen, wer sie sind), und sie umkreisen das, was sie wollen, gesetzmäßig. Alle haben ein hohes Maß an Identität. „Ich bin" ist die Identität der Erfolgreichen. Ob nun bewusst oder unbewusst. Das ist der Unterschied zu den armen Erfolglosen.

Vollkommene Identifikation geschieht also immer dann, wenn wir sagen: „Ich bin …"

> „Es sprach Jesus so: Ich bin das Licht,
> das wie über allem ist. Ich bin das Universum.
> Das Universum ist aus mir hervorgegangen
> und das Universum ist zu mir gelangt.
> Spaltet einen Holzscheit: Ich bin dort! Hebt einen
> Stein hoch, und ihr werdet mich dort finden!"

Thomasevangelium, Vers 77

Praktisch bedeutet das, dass ein Bewusstsein, also ein „Ich", eine bestimmte Frequenz mittels Gedanken aussendet, und zwar eine Frequenz, die man bereits ist („bin"). Diese Frequenz kann alles Mögliche sein …

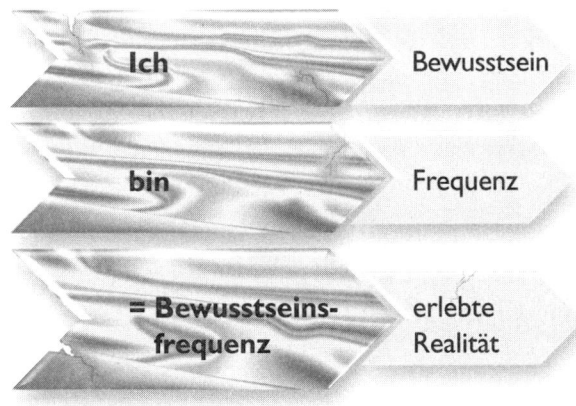

Ich	Bewusstsein
bin	Frequenz
= Bewusstseinsfrequenz	erlebte Realität

Universelle Bewusstseinsfrequenz

„Ich" ist der Inhalt des Bewusstseins; „bin" ist die Frequenz unseres Fokus des Seins. Das „Ich bin"-**Prinzip** bedeutet, kurz gesagt: schöpferisch universelle Bewusstseinsfrequenz. Diese Bewusstseinsfrequenz erzeugt die entsprechende Resonanz, die Anziehung, den Pendelschwung und so unsere erlebte Wirklichkeit.

Praktisch umgesetzt, lautet die korrekte Bestellung: Ich bin ... zum Beispiel voll Freude. Ich bin wohlhabend. Ich bin im höchsten Glück. Ich bin ein Segenbringer mit Gedanken, Worten und Taten, wo auch immer ich auftauche ...

„Ich bin das oder jenes" ist somit die formende, erschaffende universelle Trägerfrequenz.

„Sei Du selbst,
und alle Dinge werden zu Dir kommen."

Laotse

Zu Erinnerung:
Materie ist nur eine bestimmte Form der Energie und auch Gedanken sind eine Form von Energie. Die Gedanken nun haben Einfluss auf alles Erscheinende. Je stärker das ausstrahlende BewusstSEIN (Frequenz) des „Ich bin", desto stärker auch die jeweilige Gedankenkraft. Das bedeutet: mehr Energie, welche mit einer höheren Amplitude zu einer bestimmten Resonanz ausgesendet wird. Die Stärke des Bewusstseins drückt sich dabei auch durch das mitschwingende Gefühl aus.

Positives Denken ist gut,
positives Fühlen dazu noch besser,
doch positives Sein ist am besten.

Dieses Sein bedeutet auch: Ich bringe all meine Ebenen auf die gleiche Frequenz und artikuliere diese Frequenz in Worten. Diese Worte spiegeln das, was ich in mir schon bin (Ich bin!) und somit aussende. Dann lasse ich völlig los. Die einzigen Gedanken, die ich dann noch über den abgeschickten Wunsch habe, sind Gedanken der Freude. Denn ich weiß sicher, dass es so ist und dass ich das Gewünschte bereits erhalten habe! Das ist die Leichtigkeit des Seins!

„Ich bin" ist aber kein Zauberspruch, denn es kann uns immer nur das bringen, was zu uns gehört: das, was wir meinen zu sein.
Wenn wir etwas aussprechen, was wir momentan (noch) nicht sind, müssen wir es aber nur so oft wiederholend umkreisen, bis wir es durch die intensive Verbindung tatsächlich in unserem SELBST geworden sind. Das ist sehr einfach!

Das **Prinzip** wird einfach wirksam, wenn Subjekt und Objekt zu Einem verschmelzen. (Beachten Sie: Es gab nie eine Trennung.) Das erreicht man ganz einfach, indem man das Objekt der Identifikation gedanklich umkreist (mit einem Gefühl der Freude oder des Friedens). Und da alles aus dem **Prinzip** kommt und seine Entstehung darin hat, ist alles ein Teil davon und somit ein Teil von uns.

> „ ... *denn wenn zwei eins werden,*
> *so wird das Eine alles sein."*
>
> *Smaragdtafel VI*

Der „Trick" ist also die Angleichung oder Gleichmachung der Frequenzen!

Also: Werden Sie sich bewusst, wer Sie wirklich (!) sind, formulieren Sie aus dieser Erkenntnis heraus, was Sie wirklich wollen, und wenden Sie dann einfach alle 7 geistigen Gesetze an. Erkennen Sie die Einheit mit Ihrem wahren Kern, lassen Sie los – und alles kann sich erfüllen. Unsere Gedanken hatten schon immer Schöpferkraft, nun müssen wir sie nur noch entsprechend kanalisieren und in Freude unserer Bestimmung gemäß in die Welt hinauslassen. Sie werden nie wieder Zeit mit Mangel verschwenden müssen. Es gibt Wichtigeres als das. Seien Sie! Sagen Sie „*Ich bin!*"

Das **Prinzip** „Ich bin" heißt: Erkenne Dich selbst und Du wirst Dich lieben. So wirst Du erkennen, wie wundervoll und göttlich Du eigentlich bist. Diese Liebe erschafft eine gewaltige Resonanz, so dass wir uns selbst in allem erkennen und als Teil von uns betrachten. Das nun ist wahre Erleuchtung!

Das höchste Mysterium ist die vereinigende Identifikation mit dem göttlichen Bewusstsein der Ur-Liebe, die sich durch diese 7 Gesetze des Geistes ausdrückt. „Ich bin" ist diese vollkommene Vereinigung.

1. Ich bin Geist

2. Ich bin Ursache

3. Ich bin Analogie

4. Ich bin Resonanz

5. Ich bin Anziehung

6. Ich bin Veränderung

7. Ich bin Vereinigung

Die 7 Gesetze des „Ich bin"

Dies ist die göttliche Alchemie, die aus bewusstem SEIN bewusst Materie, Umstände und Vollkommenheit schafft. Das „Ich bin" ist das **Prinzip**. Man versteht es nicht durch bloßes Weitersagen. Wir verstehen es nur durch seine Anwendung.

„Das Leben ist das Wort.
Finde das Leben in Dir und gewinne Kräfte,
um das Wort zu benutzen."

Smaragdtafel IX

Das „Ich bin"-**Prinzip** ist in nahezu jeder Religion erkennbar.
Beispielsweise: Die wörtliche Übersetzung vom Om im Sanskrit, von
Ani hu im Aramäischen, vom buddhistischen *Aum*, vom christlichen/
altägyptischen Amen, und vom muslimischen *Amin* lautet tatsächlich
„Ich bin" (oder „Es sei/Ich sei"). Diese Silben symbolisieren SEIN und
BewusstSEIN in höchster Form.
Das Geheimnis steht für das griechische *Logos* und für das dafür über-
setzte christliche Wort „Wort". *Logos* (Wort) bedeutet auch „der sei-
ende Gedanke", „das Übergeordnete", „das **Prinzip**".

„Im Anfang war das Logos und das Logos
war bei Gott und das Logos war Gott.
Dieses war im Anfang bei Gott.
Alles wurde durch dasselbe,
und ohne dasselbe wurde nicht eines,
was geworden ist."

Johannes 1,1

Liebe

Je mehr Gesetze der Mensch hat,
umso weiter ist er vom Ursprung entfernt.
Je weniger Gesetze es sind,
desto näher ist er dem Zentrum.

Liebe ist das höchste Ideal. Aber was ist Liebe eigentlich?
Auch wenn ich jetzt damit die Romantik ein wenig erschüttere: Liebe
ist eigentlich ein metaphysikalischer Ablauf und nicht so ungreifbar, wie
man denken könnte und sie im Allgemeinen idealisiert.

Zum Verständnis des **Prinzips** ist es hilfreich, dieses göttliche Phänomen „der Liebe" besser zu kennen.

Das **Prinzip** ist der Kern, die 7 Gesetze sind sein Ausdruck und seine
äußere Schale. Die 7 Gesetze des Geistes, welche wir nun aus uralten
Schriften kennen, sind Harmonie, Kausalität, Rhythmus, Polarität,
Anziehung, Analogie und Geistigkeit. Also ist die Ur-Liebe demnach
transzendent, kausal, analog, resonant, harmonisch, sie schwingt und
vereint. Das bedeutet offensichtlich: Sie vereint und erfüllt alle 7 göttlichen Gesetze in sich.
Denn würde man versuchen, die Liebe zu beschreiben, so wäre man
hiermit sehr nah an der Wahrheit. Göttliche Liebe drückt sich durch
die universellen Gesetze des Geistes aus, alles andere ist zutiefst
menschlich.
Liebe ist demnach nicht etwa nur eine Emotion. Liebe ist das eine Gesetz, das seine Wirksamkeit und seinen Ausdruck durch seine ergän-
zenden Facetten findet. Die Gesetze spiegeln nur die Wirkungen und
Werkzeuge des Bewusstseins, des „Ich bin" wider.
So ist das **Prinzip** „Ich bin" die vollkommenste Form der göttlichen
Liebe, sein höchster Ausdruck und damit das einzige „Gebot". Wer
darin lebt und so liebt, lebt in absoluter Harmonie und in Einklang mit
dem Absoluten und mit allem.

Es wird ganz natürlich von jedem Herzen gehalten, das die höchste Liebe in sich selbst erkennt und sie so lebt, wie sie ursprünglich ihrer Essenz nach ist.

Kurz: „Ich bin" ist die vollendete Liebe. Sie ist das Geheimnis im Geheimnis!

> „Alle Dinge sind geschaffen durch das Gesetz
> und ohne ES
> ist nichts geschaffen,
> was vorhanden ist."
>
> *Aus dem Evangelium des vollkommenen Lebens*[14]

„Liebe" heißt die Reise zum Ich, die Reise zum SELBST. Es ist unbestreitbar, dass man sich nur dann selbst lieben kann, wenn man sein wahres Ich kennt. Alles andere führt zu Scheinliebe, Berechnung und äußerer Form. Man kann nicht lieben, was man nur oberflächlich kennt.

> „Liebe ist der Anfang
> und das Ende des Weges,
> denn in der Liebe liegt Eins-Sein."
>
> *Smaragdtafel III*

Am Ziel (Ziel und Weg sind eins) der Reise wartet das größte aller Wunder und das letzte Geheimnis, welches bar vor uns liegt:
Liebe ist das wahre Ich! Liebe ist göttlich! Sie sind SELBST die Liebe!

> Erkenne Dich selbst, so wirst Du Dich lieben.
> Erkenne das Selbst im Anderen,
> so wirst Du Dich selbst im Anderen lieben.
> Schließe den Kreis und erkenne:
> Du bist Liebe.

Nur wer sich selbst liebt, kann wirklich lieben. Die Liebe zu anderen ist immer auch die Liebe zu sich selbst. Was getrennt schien, ist doch eins.

Es gibt nur eine Religion, die Religion der Vereinigung. Wer so liebt, wird von der Welt wieder geliebt werden. Wer das Leben bedingungslos liebt, wird auch nach dem Gesetz des Lebens vom Leben bedingungslos geliebt werden!

> *„Ein Tropfen Liebe ist mehr*
> *als ein Ozean Verstand."*

Blaise Pascal

Viele Menschen – insbesondere die mit viel rechtslastiger Erkenntnis (bezogen auf die Gehirnhemisphären) und halben Wahrheiten – können ihr materielles Umfeld oft deshalb nicht verändern, weil sie die Materie nicht gesetzmäßig und dadurch leidlos lieben können. Sie sehen die Materie oft als belastend und erleben sie durch den einseitigen Intellekt im Beta-Bewusstsein oft als Druck, anstatt in Leichtigkeit über sie zu herrschen.

Doch Materie ist nur ein spiegelnder Ausdruck unseres Selbst und uns eigentlich freundlich gesonnen. Deshalb können wir die Materie lieben, ohne (!) ihr dabei anzuhaften. Denn die Materie ist wie ein Spiegel unserer Seele.

Liebe umfasst alle Resonanzfrequenzen und bringt uns das, was wir lieben. Wenn wir unseren göttlichen Wesenskern lieben, also unser SELBST „wachlieben", so ziehen wir auch das an, was wir selbst sind.

Nur wer sich selbst liebt, kann mit sich selbst auch in Resonanz stehen! Darum ist es so wichtig, sein Kernselbst, das Über-Ich, den Mittelpunkt unserer Existenz, tiefer kennenzulernen.

Sie selbst sind der Tempel, in dem Sie sich vor der ewigen Liebe verneigen. Liebe ist das Fluidum des göttlichen Selbst.

Wir sind die Liebe in Person,
alles andere ist Illusion!

Ohne Liebe keine Resonanz und somit keine bleibende Veränderung. Es gibt keine Anziehung ohne Resonanz. Es gibt keine Resonanz ohne Identifikation. Es gibt keine Identifikation ohne Objekt. Die Liebe im „Ich bin" ist die Vereinigung mit dem Objekt. Sie ist das, was schöpferisch ist.

Materie ist das Lächeln Gottes
und unser Lächeln dazu
verändert sie.
Aus Liebe wurde das All erschaffen,
aus Liebe wird es geformt.

Ganz ehrlich: Hätte ich nun schon am Anfang des Buches gesagt, dass die „Liebe" das **Prinzip** wäre, so hätten Sie Ihre Erfahrung und Ihre bisheriges Wissen darüber mit dem Wort „Liebe" assoziiert.

Darum umschreibe ich nachfolgend das „Objekt" Liebe, um das Verständnis dafür zu weiten:
- Das Gegenteil von Liebe ist nicht etwa Hass, sondern die Angst. Angst ist Zweifel an sich selbst. Wenn wir alles zu jeder Zeit sein können, wird Angst unnötig. Was bleibt, ist die Liebe. Sie ist unser Zuhause!
- Liebe ist nicht nur eine Emotion. Liebe ist ein Zustand, ein Zustand des bewussten Seins, genauer des „Ich bin…"
- „Ich bin" ist der Gedankenwirbel, welcher die Dinge erschafft und Wünsche erfüllt. Was wir lieben und in was wir unsere liebevolle Konzentration geben, das umkreisen wir.
  Wer liebt, umkreist das Objekt der Liebe unentwegt in Gedanken. Das Umwirbeln einer Sache mit Gedanken führt zum Realwerden des Umkreisten. Die schöpferische Energie folgt dabei der Aufmerksamkeit.

- Das Objekt der Liebe fesselt den Fokus unserer Aufmerksamkeit und lenkt damit den Fluss dieser Kraft dorthin.
- Liebe ist die Vereinigung der scheinbaren Komplexität der Gesetze des Ur-**Prinzips** zu Einem.
- Liebe ist ein vollkommener Seinszustand, der sich ausdrücklich in den 7 Gesetzen des **Prinzips**. Das **Prinzip** selbst ist diese Liebe in Reinform.
- So wie Licht nur sichtbar wird, wenn es auf einen Gegenstand trifft, so ist diese Liebe nur sichtbar, wenn man sie auf ein Objekt richtet.

„Liebe als Rede ist Wahrheit,
Liebe als Handlung ist Rechtschaffenheit,
Liebe als Gedanke ist Frieden,
Liebe als Verständnis ist Gewaltlosigkeit."

Sathya Sai Baba

- Dieser Planet ist dazu da, dass wir uns durch alle widrigen Umstände hindurch selbst als die Liebe erweisen.
- Das **Prinzip** ist Liebe. Und zwar nicht menschlichen Ursprungs, sondern ein Wesen vollkommenen Bewusstseins, das in unserem Kern thront.
- Menschliche Liebe ist begrenzt, hat Bedingungen, unterscheidet, berechnet, ist endlich, ist abhängig und dient manchmal nur der Fortpflanzung. Dies alles ist aber nur ein Schatten des Ganzen.
- Sog hat immer mehr Kraft als Druck. Ein Wort in Liebe hat mehr Kraft als viele Worte des Scheltens. Ein Wunsch hat deshalb immer mehr Kraft als Zweifel.
- Das **Prinzip** ist Bewusstsein, das Bewusstsein der Liebe.
- Liebe ist das Streben nach Vereinigung. Identifikation („Ich bin") ist die Vereinigung.
- Liebe ohne Identifikation mit der Ur-Liebe selbst ist menschlich.

- Liebe hält unsere Gehirnwellen mindestens (!) im Alphabereich. Der Alphawellenbereich entspricht der Erdresonanzfrequenz und somit der Schöpfungsfrequenz irdischer Materienmatrix.
- Die Ur-Liebe ist das Licht hinter dem Licht. Diese Liebe ist das Licht, die einzig wahre Konstante, zu der sich alles andere relativ verhält, verhalten muss!
- Liebe ist das Kernselbst in reinster Form.
- Wenn irgendeine Lehre oder Meinung etwas anderes behauptet, als dass wir nach göttlichem Ursprung die Liebe wären, so ist daran zu zweifeln.

„Es sprach Jesus so:
Wenn sie zu euch so sagen:
Woher seid ihr geworden?
sagt zu ihnen:
Wir sind aus dem Licht gekommen,
dem Ort, wo das Licht geworden ist
aus sich selbst."

Thomasevangelium, Vers 50

- Wir sind magnetisch für das, was wir sind. Das ist die göttliche Art der Liebe und so werden (sind!) wir all das, was wir sein wollen.
- Diese Liebe ist der höchste Ausdruck von Demut, die tiefste Verneigung vor dem inneren Schöpfer.
- Der Ausdruck der vollkommenen Liebe sind die 7 geistigen Gesetze des Lebens. Diese Liebe zu sich selbst drückt sich durch die schöpferischen Worte „ICH BIN" aus. Wer sich liebt sagt: „Ich bin Liebe, Freude, Friede, Glück, Weisheit, Eins, VOLLKOMMEN!"
- Göttliche Liebe ist: ALLES IST EINS UND EINS IST ALLES.

Wir sehen nun, meine lieben Leserinnen und Leser, das **Prinzip** ist die höchste Form der Ur-Liebe, das ewige „Ich bin".

„Liebe will nicht,
Liebe kämpft nicht,
Liebe wird nicht,
Liebe ist, so wie Du bist."

Nena – deutsche Sängerin

Die Vereinigung mit dieser Liebe führt uns in einen vollendeten Zustand und genau dort sind wir endlich so schöpferisch, wie wir ursprünglich gemeint sind.

So lange man Liebe nur allein auf romantische Gefühle reduziert, so lange kann man das Leben und seine festen Wirkprinzipien nicht verstehen und auch nicht anwenden.

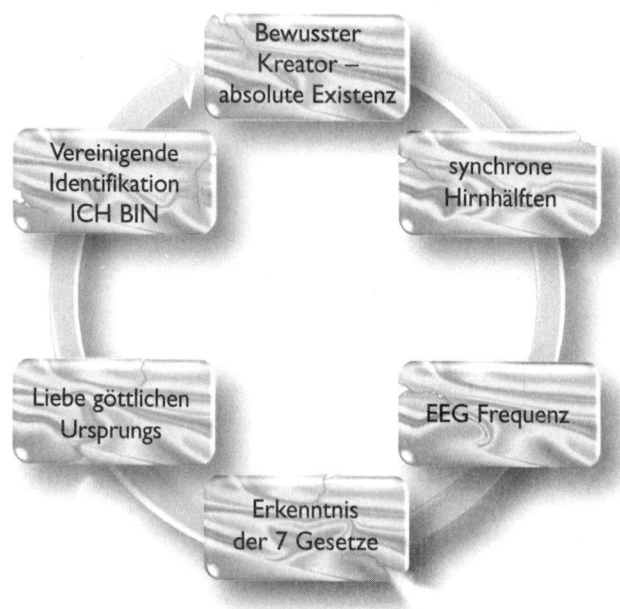

Werkzeuge eines Kreators

Nun verstehen wir, wie das Ur-**Prinzip**, die Ur-Liebe selbst, alle 7 geistigen Gesetze in sich durch das „Ich bin" vereint und erfüllt. Die Ur-Liebe bedient sich ihrer, drückt sich dadurch aus. Die Gesetze des Lebens angewandt – das ist angewandte kosmische Liebe! Auf diesem Weg liebt uns der Kosmos zurück mit allem, was in ihm ist.

Temet Nosce – Erkenne Dich SELBST

„Weißt Du nichts, oh Mensch,
von deinem Erbe?
Weißt Du nicht,
dass Du in Wahrheit Licht bist?"

Smaragdtafel IV

Die Reife, um in den Ur-Regeln zu leben, lernen wir entweder langsam durch das Leben selbst oder wir erlangen sie schnell durch entsprechende Übung und Anleitung. Das Spiel, in dem wir uns im Folgenden üben, heißt:

Temet Nosce (Lateinisch) – Erkenne Dich SELBST.

Die 7 geistigen Gesetze des **Prinzips** erschließen sich dem wachen Wesen automatisch. Man wird sie nach dem Verinnerlichen, das heißt nach dem Absolvieren des 7-Wochen-Programms, ganz natürlich entdecken und überall erkennen können. So erklären sie sich auf ganz praktische Art von selbst.

In Wahrheit kann man das **Prinzip** nicht lernen. Sich nur rein äußerlich an seine Gesetze halten zu wollen, würde es schnell zur leeren Form verkümmern lassen. Das Geheimnis ist kein Dogma! Denn das **Prinzip** ist in Wirklichkeit schon in Ihnen! Es wartet nur auf seinen Tag. Die

Enthüllung wird nicht angelernt, sie geschieht durch Erinnern („Er-in-nern", also üben).

Aus dem Abstrakten wird unweigerlich die eigene Praxis erwachsen. Dieses Buch ist wie Erde, seine Botschaft der Same, doch gießen muss jeder selbst, um die Früchte zu ernten.

Wissen alleine ist nichts,
die Anwendung des Wissens ist alles!

Die Techniken in Teil III werden Ihnen die Augen und den Mund öffnen. Wenn Sie es ausprobieren, werden Sie bald erkennen, wie wundervoll Sie wirklich sind! Wir brauchen den Schlüssel zum **Prinzip** heute dringender denn je: Diese Welt braucht neue Erfahrungen der Liebe, der Fülle und des Überflusses. Das **Prinzip** ist das Geheimnis der Macht zur Erschaffung der gewünschten Realität. Sie sind die Quelle!

Wer nun konsequent die Übungen in Teil III des Buches beherzigt, steigt in einen Erinnerungsprozess ein, der als Frucht einfach alles haben kann. Dieses Wissen (richtig angewandt) lässt Sie zum verantwortungs-bewussten Herrscher über die Elemente werden: Das Universum wird gehorchen. Doch ist Reife nötig für die Umsetzung der Anleitungen, welche nun folgen werden. Diese helfen, die erforderliche Weisheit schneller zu erlangen. Sie bringen das Wissen um die Gesetze auf natürlichem Wege in Ihren Alltag. Darum: Üben Sie! Sie werden bald merken, dass Sie Ihr SELBST üben.

„Durch alle Zeiten ist der ewige Gedanke,
und der Gedanke ist das Wort (Logos),
und das Wort ist die Tat,
und diese drei sind EINS im Ewigen Gesetz,
und das Gesetz ist bei Gott,
und das Gesetz ist Gott."

Aus dem Evangelium des vollkommenen Lebens

Das Vergeistigen der Materie nach den geheimen Schriften ist die Vereinheitlichung aller Dinge (Weltformel), alles materiell Erscheinenden, aller Energieformen, aller Naturgesetze.

Das bedeutet:
1. Die Welt besteht aus Gedanken.
2. Die erlebte Wirklichkeit ist relativ zum Standpunkt und Blickwinkel des Bewusstseins des Beobachters.
3. Erkennen ist dabei immer fraktal.
4. Es gibt keine Konstante außer dem Bewusstsein.
5. Das **Prinzip** ist dieses Bewusstsein in seiner Reinform.
6. Durch Identifikation im Lichte des **Prinzips** mittels seiner Gesetze werden wir selbst zum Absoluten.
7. Alles ist eins und eins ist alles.

Würde man die Vielschichtigkeit des **Prinzips** mit einem menschlichen Körper vergleichen, wäre das Geheimnis so vorstellbar:

Die Anatomie des Seins

Das Gehirn als Träger des Bewusstseins wäre wie ein Gefäß, das durch die Identifikation mit der Wahrheit über die kosmischen Gesetzmäßigkeiten gefüllt wäre. Das Herz wäre das Verständnis darin für die vollkommene Liebe, welche ihre Wirkungen der 7 Gesetze über die Arme und Hände versinnbildlichen würde. Und der Mund wäre das, was schöpferisch spricht: „Ich bin …"

Alle Teile in der Anatomie des **Prinzips** wären als Teile einer Einheit zu sehen, die gemeinsam als solche wirken und so die vollendete Existenz versinnbildlichen.

Erkenne Dich selbst.

Hier enden die Worte, um das letzte Geheimnis zu beschreiben. Jeder von uns versteht nur so viel, wie er verstehen kann oder zu verstehen gewillt ist. Das ist gut so: Das Geheimnis schützt sich dadurch selbst. Die letzte Antwort muss und wird jeder selbst finden. Sie kann nicht durch die Sprache der Worte allein vermittelt werden.

Die Kraft des einen **Prinzips** wird auch hier, im Spiel der Zeit, die Antworten zu uns bringen. Niemand muss Sie aufklären, Sie selbst wissen den Weg „nach Hause". Die gegenwärtige Reise war schon die richtige Entscheidung. Es lebt sich nur kühner und mit mehr Freude, wenn man alles vom Ziel der Reise her betrachtet.

Das bisher Gesagte diente dazu, altes Denken liebevoll zu „erschüttern". Nur das, was sich nicht erschüttern lässt, ist letztlich die eine Wahrheit ohne jede Täuschung: unsere ganz persönliche Realität und unser ganz persönliches unerschütterliches, unendliches Glück des Ruhens im allumfassenden inneren Reich, das weder Anfang noch Ende kennt.

Alles was einen Anfang hat,
hat auch ein Ende.

Zusammenfassung von
„Die geheimen Gesetze der Realität":

- Die 7 Gesetze offenbaren den Charakter des Ur-**Prinzips**.
- „Ich bin" ist die vollkommene Verschmelzung mit der Ur-Liebe und ist nur eine Ent-scheidung (das Ende der Scheidung).
- Liebe göttlicher Art ist unsere (schöpferische) Natur und unser aller Wesenskern.
- Der inneren SELBST-Erkenntnis folgt die äußere SELBST-Verwirklichung.

Teil III

Übungen, Anleitungen und Techniken

„Willst Du wissen, wer Du warst,
so schau, wer Du bist.
Willst Du wissen, wer Du sein wirst,
so schau, was Du tust."

Siddharta Gautama

Jeder, der die Anweisungen in diesem Buch Schritt
für Schritt gewissenhaft befolgt, kann zu den gleichen
Ergebnissen des Erfolgs kommen.
Bei dem, was Sie im Folgenden lesen werden, handelt
es sich nach wissenschaftlichen Erkenntnissen um
eine Methode zur Bewusstseinserweiterung gemäß
den Regeln (geistigen Gesetzen), nach denen die Welt
funktioniert.

*Es kann nützlich sein, **„Das Prinzip"** noch einmal*
bis hierher zu lesen, um den Zusammenhang des
gesamten Materials in ganzem Umfang zu erfassen.
Es ist sinnvoll, wenn Sie in dem Zeitraum, in dem Sie
diese Übungen machen, weder fernsehen noch Radio
hören oder Ihre Aufmerksamkeit anderen zerstreuen-
den Medien zuwenden. Gönnen Sie sich eine Phase
der Abstinenz von entmutigenden, abstumpfenden
Botschaften. Treten Sie ein in die innere Welt, trans-
formieren Sie diese und erleben Sie, wie sich die
Welt im Außen nach Ihren Wünschen verändert.
Sie gestalten als Mitschöpfer das Leben auf diesem
Planeten mit und sind ein wichtiger Teil davon!

*Das **Prinzip** will konsequent geübt werden. Gerade so*
wie der Körper seine Übungen braucht, um stark und
elastisch zu bleiben, so muss auch der Geist üben.

In Anbetracht der Tatsache, dass es sich hier um eine Einweihung handelt, die normalerweise viele Jahre der Entwicklung benötigt, ist es doch mein Bemühen gewesen, eine bestmögliche Grundlage für eine schnelle persönliche Anwendung und für unmittelbare Ergebnisse zu vermitteln.

Wenn Sie bis hierher nicht alles verstanden haben sollten, kann ich Ihnen versichern: Die Übungen helfen es durch die Praxis zu verstehen.

„Magst Du auch aus dem Meer schöpfen,
Du bekommst doch nur so viel,
wie Dein Krug fassen kann."

Indische Weisheit

Das 7-Wochen-Programm ist ein kraftvoller Weg, der es uns ermöglicht, alle angesprochenen Punkte zu üben – von Bewusstseinserweiterung über Gedankenkontrolle und der Synchronisation der beiden Gehirnhemisphären bis hin zur richtigen Gedanken- und damit zur „Wunschfrequenz".

Auf diesem Weg kommen wir auf ganz natürliche Weise mit unserer schöpferischen Kraft in Kontakt und können so bewusste Mitschöpfer sein.

Kann man diese Kraft missbrauchen?
Natürlich – indem man sie nicht anwendet und ein unbewusstes Leben führt!

„Dies, meine Kinder, soll euer Daseinszweck
sein: Dunkelheit in Licht umzuwandeln."

Smaragdtafel XV

Gedankeninstrumente

Gedanken werden zu Objekten

Der Grund, weshalb die meisten nicht bekommen, was sie sich wünschen, liegt ganz einfach darin begründet, dass man eben gewöhnlich immer nur das denkt und ausspricht, was man nicht will, anstatt zu artikulieren, was man möchte. Es wird so immer wieder darüber nachgedacht, was man befürchtet. Dadurch bekommt man aber entsprechend der Gesetzmäßigkeit immer mehr davon.

Die Erfahrung zeigt, dass die Menschen, die viel von Mangel sprechen, auch immer diejenigen sind, welche Mangel erfahren. Im Gegensatz dazu leben diejenigen, die Wohlstand ausdrücken, früher oder später auch im Wohlstand.

So richten die meisten aus Unwissenheit die Regeln gegen sich selbst, anstatt sie wissend für sich und zum Wohl anderer einzusetzen.

Menschen wiederholen so gemeinhin unentwegt nur das, was sie in ihrem Inneren (Gedankengut, Bewusstsein) vorfinden, was sie bewegt und womit sie sich am meisten umgeben. Dies beschäftigt ihre Gedanken, denen sie in Worten Ausdruck verleihen und die immer wieder, oft unbewusst, wie ein *Mantra* wiederholt werden. Durch dieses Wiederholen schleifen sich die Gedankenwege so ein, dass völlig unbemerkt aus einer Gedankenstraße bald eine viel befahrene Gedankenautobahn wird, und man merkt es nicht einmal! Wohin die Straße führt, das hängt von den Denkgewohnheiten (Denkmuster) des Einzelnen ab.

Dieser Mechanismus dient allerdings eigentlich dazu, uns zu ermächtigen, die Umstände dauerhaft so zu erschaffen, wie wir sie haben wollen. Anscheinend fehlt uns noch die richtige Bedienungsanleitung! Wird nämlich dieser Mechanismus gezielt und im Vollbewusstsein seiner Macht genutzt, so zeigt er sich als ein mächtiges Gedankeninstrument, welches ein wirkungsvolles Werkzeug ist, um die gewünschte Wirklichkeit zu erzeugen.

Denn: Wiederholt man einen Gedanken konsequent immer wieder, so wächst er gleich einer Pflanze. Wenn man diesen Gedanken immer und immer wieder denkt, ist es so, als ob man ihm regelmäßig Wasser geben und ihn düngen würde – bis zu dem Tag, an dem man die reifen Früchte essen kann.

Im Sanskrit nennt man ein solches Gedankeninstrument *Mantra* – ein ständiges Wiedergeben einer bestimmten Wahrheit, die Wirklichkeit sein/werden soll. So wird das Ausgesprochene langsam, aber sicher, zu einem inneren Bestandteil der Person selbst und ihres Bewusstseins. Was sich wieder in einer neuen Resonanzfrequenz ausdrücken kann und somit bald Wirklichkeit wird (siehe 20-Minuten-Technik). Das ist ein sehr effektives Hilfsmittel, da alle Gesetze, auf natürlichste Art dabei beachtet werden.

„Gedankenhygiene" ist also entscheidend. Vielleicht üben Sie sich für eine gewisse Zeit darin, nur das zu denken, was Sie auch wirklich nur denken wollen. Also nur das, was Sie aufbaut, was Ihre persönliche Wahrheit und Ihr Erleben sein soll.
Beobachten Sie Ihre Gedanken und seien Sie liebevoll, wenn Sie dabei ein umherirrendes Schaf entdecken sollten. Ärgern Sie sich nicht darüber, dulden Sie es, aber führen Sie das (Gedanken-) Schäflein zurück zur Herde.

Dem, was Sie nicht erhebt, was Sie nicht weiterbringt und was Ihnen keine Kraft gibt, müssen Sie keine Beachtung schenken. Das kann niemals eines von Ihren „Schafen" sein.

Gedankenkontrolle gründet auf dem Erkennen und dem Üben der Gesetzmäßigkeiten. Man durchbreche sinnlose Gedankendialoge, die nirgendwo hinführen.

Bedenken Sie – es gibt nur einen Weg da raus: das Wissen zu studieren und zu üben!

Schöpferische Intelligenz und Wunscherfüllung beginnen dort, wo wir ganz bewusst gewollte und neue Gedanken denken und es wagen, die großartigen Dinge zu träumen und auszusprechen, und wo wir aufhören, uns immer nur innerhalb derselben Muster zu bewegen.

Alles andere hat nichts mit Intelligenz zu tun – eine Maschine, ein Plattenspieler (oder CD-Player) könnte das schließlich auch.

Wir leben in einer Gedankenwelt. Alles, was wir erleben, erleben wir in unserem Geist.

Grundsätze, um ein Gedankeninstrument (zum Beispiel ein Mantra) effektiv zu nutzen:

- *Bewusstsein:* durch „*Ich bin*"-Identifikation (**Das Prinzip**)
- *Wissen:* Gedanken sind Schöpfung
- *Achtsamkeit:* Wann immer wir etwas in der Gegenwartsform aussprechen, wird es zur Gegenwart – es tritt in unser Leben.
- *Gewissheit:* Wir wünschen und erschaffen aus dem Bewusstsein von Haben und nicht aus Mangel. Haben, bevor man hat!
- *Identifikation:* Das, was man anschaut, wird man.
- *Fokussierung:* Gedankliches Umkreisen.
- *Beharrlichkeit:* Nur die Wiederholung führt zur Bewusstwerdung!

Dieses Wiederholen und Sich-um-das-Erwünschte-gedanklich-Drehen verwandelt uns letztlich in einen starken Magneten für das Gewünschte. Unser Bewusstsein umwirbelt eine Sache so lange, bis diese zu einem reellen Teil von uns selbst wird, und zieht diese Sache dann mit völliger Leichtigkeit in unsere Realität. Wir tun das ganz automatisch, und zwar zum Beispiel immer dann, wenn wir gerade verliebt oder von einer Sache begeistert sind.

Doch Gedankenkraft ist nichts ohne die ursprüngliche Quelle seiner Kraft. Wir müssen darum weiter zurückgehen zum Ursprung der Gedanken – zum Bewusstsein, zum Geist. Und dort dürfen wir uns kurzschließen mit seiner Kraft: der Identifikation mit dem wundervollen „Ich bin".

Das ist der Kraftschluss des **Prinzips**:

1. „Ich bin…"-Identifikation
2. Bewusstsein
3. Gedanken (wiederholt)
4. Gefühl (Freude)
5. Aussenden
6. Loslassen
7. Empfangen

7 Schritte zur Erfüllung

Das ist der Weg!
Je mehr Sie sich mit Ihrer inneren Kraft des **Prinzips** verbinden, desto freier sind Sie in allen Bereichen Ihres Lebens.

Das Leben ist Energie. Richten Sie die Gedanken-Energie ausschließlich auf das, was Sie wirklich wollen. Auf diese Weise verschwindet das, was Sie nicht wollen, ganz automatisch!

- *Was sind Gedanken?* Energie, die Umstände und Materie formt.
- *Was ist Materie?* Eine Gedankenprojektion aus verdichteter Energie.
- *Was ist Energie?* Das kosmische Mittel der Bewegung.
- *Wie „entsteht" Energie?* Durch resonante Bewegung des Bewusstseins.
- *Wie entsteht Bewusstseins-Resonanz?* Durch Wiederholen und Umkreisen!

Man sollte dem Leben nicht hinterher laufen, man sollte dafür sorgen, dass es uns hinterher rennt!
Wir sollten uns durch das Üben neuer Gedankengänge im Angesicht des **Prinzips** und seiner 7 Gesetze so attraktiv machen, dass das erfüllte Leben gerne unsere Nähe sucht.

Sie werden bald spüren, wie der Akt der Übung sich mit der Zeit mit dem Alltäglichen verbindet und die Übergänge fließender werden. Achten Sie beim Üben immer mehr auf das Empfinden und immer weniger auf die Technik.

Praktische Anleitung und Techniken

Das 21-Tage-Programm

„Fange nie an, aufzuhören –
höre nie auf, anzufangen."

Marcus Tullius Cicero

Es ist zu empfehlen, das **Prinzip** ganz bis zum Schluss durchzulesen, bevor man mit den folgenden Übungen beginnt.

Das 21-Tage-Programm gibt jemandem, der bislang noch nicht mit Entspannungstechniken in Berührung gekommen ist, eine sichere Grundlage für das 7-Wochen-Programm. Das gesamte Programm verlängert sich so auf überschaubare zehn Wochen. Aber sicherlich werden Sie diesen ersten Teil sehr genießen, denn es ist eine Zeit der Entspannung und der Entdeckungen.

Sie werden sich vielleicht fragen: Warum gerade 21 Tage? Es wurde festgestellt, dass drei Wochen der Zeitraum ist, der nötig ist, um neue neuronale Verbindungen im Gehirn zu knüpfen. Erst nach 21 Tagen ist also eine Denkgewohnheit geschaffen, die von bleibender Natur ist.

Dieses 21-Tage-Programm wurde eigens für „Anfänger" entwickelt, um schnell grundlegende Resultate zu erzielen. In dieser Zeit haben wir nicht viel mehr zu tun, als die beiliegende CD anzuhören. Diese, in meinem eigenen Studio hergestellte CD enthält eine von mir weiterentwickelte Technik namens Polyaurale Synchrowellen©, mittels der selbst völlig Ungeübte beinahe sofort in den begehrten Alphazustand und tiefer kommen können. Wir lernen dabei diese Bereiche selbst willentlich (!) zu betreten, wann immer wir wollen. Diese CD ermöglichte es uns, die Gehirnhemisphären so zu trainieren, dass sie in einem wundervoll tiefen und mächtigen Gehirnwellenbereich synchron arbeiten. Und das sogar im Alltag. Diese CD kann natürlich auch sonst jederzeit zur angenehmen Entspannung genutzt werden.

Bitte hören Sie die CD nicht beim Autofahren oder bei anderen Tätigkeiten, die Ihre volle Aufmerksamkeit erfordern. Verwenden Sie sie nur in dem hier beschriebenen Rahmen. Wenn Sie unter Epilepsie leiden, halten Sie bitte Rücksprache mit Ihrem Arzt.

Inhalt der CD:
- Track 1 (25:38 Minuten): Polyaurale Synchrowellen©, die alle Frequenzbereiche durchlaufen.
- Track 2 (25:30 Minuten): Wie Track 1, allerdings mit einer musikalischen Unterbrechung, die als Basis für Affirmationen dient.
- Track 3 (7:07 Minuten): Bonustrack – ein vom Autor komponiertes und gespieltes Stück namens *Principia*. Dieses Stück kann auch zur Einleitung eines tieferen Gehirnwellenbereichs und als Grundlage für eine schnelle Entspannung dienen.

Bitte benutzen Sie für das 21-Tage-Programm vorerst Track 1 der CD. Ein- bis zweimal am Tag zu üben wäre optimal:
- Verwenden Sie für die bestmöglichste Wirkung einen (geschlossenen) Kopfhörer, der Sie vor den Geräuschen Ihrer Umgebung etwas abschirmt. Polyaurale Synchrowellen© erlauben aber auch die Benutzung von Lautsprechern.
- Die Lautstärke sollte angenehm sein – weder zu laut noch zu leise.

- Legen Sie sich entspannt und bequem hin – so, als wollten Sie ein Nickerchen halten. Sie können dabei allerdings auch eine bequeme Sitzposition einnehmen.
- Legen Sie eine Hand auf Ihr Brustbein über dem Herz und die andere auf den Bereich zwischen Magen und Bauchnabel.
- Schließen Sie die Augen und lassen Sie die Gedanken vorbeiziehen ohne an ihnen festzuhalten.
- Die pulsierende Frequenz, die Sie nun mitten in Ihrem Gehirn zu hören scheinen, geleitet Sie langsam vom Beta- in den Alphabereich und wird dort gehalten. Danach geht es tiefer in den Theta- und schließlich in den Deltabereich.
- Es kann sein, dass Sie spüren, wie in der Brust- und in der Herzgegend innerlich ein angenehmes warmes Gefühl und ein Prickeln aufsteigen. So fühlt sich das lichtvolle „Ich" an ... es ist ein großartiges Gefühl.
- Wahrscheinlich werden Sie bald Müdigkeit verspüren. Sie können einschlafen, wenn Sie wollen. Besser ist es allerdings, mit jedem Üben immer ein wenig „wacher" zu bleiben. Aber bleiben Sie entspannt.
- Sie spüren, wie Sie angenehm auf eine neue, vielleicht zunächst ungewohnte Ebene einschwingen.
- Mit der Zeit gewöhnt sich Ihr Gehirn an diesen Zustand. Es erinnert sich ganz automatisch daran und Sie haben so jederzeit willentlich und im absoluten Wachzustand Zugang zu Ihrem inneren Schöpferpotenzial.

Achten Sie dabei auf eine entspannte Atmung: Alle Meditations- und Entspannungstechniken lehren die tiefe Bauchatmung. Je langsamer der Atem ist, desto tiefer wird auch die Entspannung sein. Die Tiefe der Atmung bestimmt die Gehirnwellenfrequenz entscheidend.
Man könnte sagen: Je ruhiger die Wellen unseres inneren Sees sind, desto klarer können wir das Antlitz auf der Wasseroberfläche des Geistes wahrnehmen.

Während des Hörens der CD hat sich die Bauchatmung bewährt: Atmen Sie zuerst die gesamte Luft vollständig aus, danach atmen Sie wieder tief in den Bauch ein. Die Brust sollte sich dabei nicht heben, doch der Bauch sollte sich wölben. Atmen Sie danach wieder vollkommen aus und so weiter. Atmen Sie ohne jede Anstrengung und im gleichmäßigen Rhythmus. Ihre Konzentration sollte sich nicht in der Atemtechnik verlieren. Diese ist nur ein Mittel zum Zweck.

„In der Stille der materiellen Sinne
liegt der Schlüssel zur Entschleierung der Weisheit."

Smaragdtafeln, Einleitung

Das folgende 7-Wochen-Programm ist der eigentliche Kern des ganzen Übungsprogramms und der praktischen Erkenntnisschritte. In einer überschaubaren Zeit von nur 7 Wochen haben wir nun die Möglichkeit, in einen Erinnerungsprozess einzutreten, der unsere wahren Fähigkeiten offen legt. Dies bildet die feste Grundlage für eigenständiges Weitergehen. Nach diesem Programm sind Sie ihr eigener Lehrer und der Strom der Erkenntnis über die wahre Natur von „Allem, was ist" wird ganz natürlich weiterfließen.

Diese Übungen setzen die abstrakte Botschaft des **Prinzips** in eine handfeste Praxis um. Auch wenn Sie den Sinn vielleicht nicht immer sofort erfassen können, seien Sie gewiss: Es macht Sinn. Allein durch das Aussprechen der in den Übungen genannten Wahrheiten manifestiert sich Entsprechendes ganz natürlich und ohne weiteres Zutun in Ihrem Alltagsbewusstsein.

Des Weiteren ist eine feste Übungszeit zu empfehlen. Am besten morgens vor dem Frühstück. Bitte üben Sie nicht mit vollem Magen.

Lassen Sie uns nun beginnen:
Sorgen Sie für Ruhe: Wenn möglich, Telefon abschalten und laute Umgebungsgeräusche ausschließen. Eine angenehme Atmosphäre empfin-

den manche Menschen als entspannend. Dies kann durch leise Entspannungsmusik, Kerzenlicht oder angenehme Düfte gefördert werden, solange sie nicht die Sinne zerstreuen und zu sehr nach Außen ablenken.

Nehmen Sie bitte eine gesunde aufrechte und bequeme Haltung im Schneidersitz auf dem Boden oder auf einem Stuhl ein. Stellen Sie sich vor, eine Schnur, die an Ihrem Scheitel befestigt ist, würde Sie leicht nach oben in eine aufgerichtete Position ziehen.

Beginnen Sie zuerst mit der jeweiligen Übung für die festgelegte Zeit. Kommen Sie wieder durch die erwähnte Atemtechnik (Bauchatmung) zur Ruhe.

Für den Fall, dass es Ihnen schwer fällt, zur Ruhe zu kommen, können Sie an der mit dem CD-Symbol gekennzeichneten Stelle Track 2 zur Hilfe nehmen. Lassen Sie sich genau wie bei Track 1 der CD in den Alphabereich und tiefer bringen. Es erfolgt dann im letzten Drittel eine kleine musikalische Unterbrechung, die eine Plattform bietet für das Üben der *Lektionen* und *Gedankeninstrumente* der jeweiligen Woche. Nach dieser Unterbrechung klingt die CD mit den polyauralen Synchrowellen© langsam aus.

Bleiben Sie weiterhin in diesem entspannten Zustand, während Sie die jeweilige *Lektion* so aufmerksam studieren, als würden Sie sie zum ersten Mal lesen.

Dabei werden wir ihren Inhalt meditativ durch Wiederholen verinnerlichen, um das SELBST zu entfesseln. Das hebt so die Basis unseres Denkens auf eine höhere Ebene, befreit von überholten Gewohnheiten, beseitigt blockierende Zweifel und löscht alle Programme der Trennung und Angst auf. Es zeigt uns, wer wir in Wirklichkeit sind, bringt uns zurück zu unserer Identität, vereinigt unser Denken und unsere Gefühlswelt, lehrt uns die Macht und Souveränität über die Umstände und über die Materie. Es führt uns zurück zu uns selbst, beendet die Suche durch das Finden, Unbewusstes wird bewusst.

Dieses Programm eröffnet uns das Verständnis für die Zeit und die Zeitform des wissenden Glaubens, synchronisiert unser Denkfeld hin zur Mitte und läst uns im schöpferischen Frequenzbereich zu Hause sein.

„Wende Deine Gedanken nach innen,
nicht nach außen."

Smaragdtafel VI

In den folgenden Übungen bedeutet die Anweisung *„den Blick nach innen"* zu richten, alle Sinne von der Außenwelt abzuziehen und sich leicht auf seinen Mittelpunkt zu konzentrieren. Dies erfolgt am einfachsten bei geschlossenen Augen durch die Konzentration auf einen Punkt in unserem Inneren. Der „innere Blick" kann sich dabei auf das Herz als Mittelpunkt oder auf die Stelle zwischen den Augen, oberhalb der Nasenwurzel (das *dritte Auge*) richten.

Durch das Fixieren auf diese traditionellen Punkte der Verinnerlichung und Meditation vermeiden wir Ablenkung. Allein die Augen zu schließen genügt nicht, da Energie immer der Aufmerksamkeit folgt. Das, worauf wir unseren Fokus richten, wächst. Den Blick nach innen zu richten hat zur Folge, dass unser Inneres realer wird und schließlich mühelos nach außen wächst.

Richten Sie Ihre Aufmerksamkeit auf die Übungsinhalte, weniger auf das Einhalten einer starren Zeitvorgabe. Es handelt sich hier um Vorschläge für die Dauer der Übung. Wichtiger als die bloße Form ist das Resultat. Die Absicht dahinter ist wichtiger als das starre Einhalten einer Übungsform.

Kontinuität und gewissenhaftes Üben sind wichtig. Es ist besser, eine Woche noch einmal zu wiederholen, falls man das Gefühl hat, auf der Stelle zu treten.

Das 7-Wochen-Programm

Übe stets so,
dass Du Dir dabei ein inneres Lächeln
schenken kannst.

Die Übungen der folgenden sieben Wochen sind für Fortgeschrittenere bestimmt, die schon gewisse Erfahrungen mit Meditation oder „Entspannungstechniken" haben oder die das vorangegangene 21-Tage-Programm bereits abgeschlossen haben. Trotz der Einfachheit ist es mit Sicherheit einer der kürzesten Wege, um das schöpferische Bewusstsein zu aktivieren.

1. Woche

Wir beginnen mit einer Atemübung zum intensiveren Erlernen der Tiefenatmung, die uns – bei vollem Bewusstsein – in den angenehmen Alphabereich führt.

Die 1. Übung

Diese Entspannungsübung oder *alternativ CD Track 2.*

• Bitte die empfohlene Haltung einnehmen.
• Für Ruhe und gegebenenfalls angenehme Atmosphäre sorgen.
• Augen beim Üben möglichst geschlossen halten, Blick nach innen.

Die Technik:

• Atmen Sie vollständig aus, indem Sie die Bauchdecke nach innen ziehen.
• Atmen Sie danach langsam ein und zählen Sie dabei bis zwölf.
• Halten Sie nun die Luft an und zählen Sie dabei bis zwölf.
• Atmen Sie langsam aus und zählen Sie dabei bis zwölf.
• Atmen Sie nun wieder langsam ein und zählen Sie dabei wieder bis zwölf. Fahren Sie fort, auf diese Weise tief und gleichmäßig zu atmen.
• Steigern Sie, wenn möglich, das Atemintervall in dieser Woche jeden Tag bis auf 20-mal. Es sollte immer angenehm sein.
• Das tiefe Atmen etwa zehn Minuten lang üben.

Die 1. Lektion

Bleiben Sie nun in dieser Ruhe und diesem Zustand und lesen Sie folgenden Satz, als wäre es das erste Mal, auch wenn Sie ihn schon kennen:

„**Ich bin** der Erschaffer meiner gewünschten Realität – **Ich bin** *meine eigene Schöpfung.*"

Reflektieren Sie diesen Gedanken so lange, bis Sie Frieden spüren. Atmen Sie dabei langsam. Halten Sie diese Frequenz. Spüren Sie das warme Lächeln auf Ihrem Gesicht und die Freude.

1. Gedankeninstrument

Nun benutzen wir unser Gedankeninstrument, um das Ganze zu verinnerlichen. Sprechen Sie in Gedanken oder auch laut und atmen Sie dabei weiter tief:

„Ich bin – Geist" – Einatmen
„Geist herrscht – über Materie" – Ausatmen

Anmerkung:
Die Gedankeninstrumente können, wenn sie Ihnen für die Ein- und Ausatmung zu lange erscheinen, auch anders mit der Atmung kombiniert werden:
„Ich bin" – Einatmen
„Geist" – Ausatmen und
„Geist herrscht"– Einatmen
„über Materie" – Ausatmen
Wenn diese Aufteilung für Sie angenehmer ist, gilt diese natürlich für alle folgenden Wochen.

Etwa für fünf bis zehn Minuten so verinnerlichen.
Augen geschlossen, Blick leicht nach innen.
Der Freude dabei nachspüren.

2. Woche

Dies ist eine Übung, welche die Fähigkeit ausweitet, uns in einem bestimmten Zustand der Konzentration zu schulen. Ihr Blick wird sich dabei etwas verändern. Man nennt das den *„Tunnelblick"*. Dieser gleicht dem charakteristischen Blick bei Tagträumen: ein Blick ins Unbestimmte, Weite und Offene.

Die 2. Übung

Diese Entspannungsübung oder *alternativ CD Track 2*.

- Bitte die empfohlene Haltung einnehmen.
- Für Ruhe und eine angenehme Atmosphäre sorgen.
- Ruhig Atmen – wie letzte Woche gelernt –, doch nun ohne Unterbrechung.
- Den Blick dabei leicht nach innen richten.

Die Technik:

- Entzünden Sie bitte eine Kerze und stellen Sie diese so vor sich auf einen Tisch, dass Sie bequem in diese hineinschauen können (etwa im Abstand von einem Meter).
- Fixieren Sie die Flamme möglichst lange, ohne zu blinzeln.
- Wenn Sie blinzeln müssen, dann tun Sie es, aber lernen Sie, diesen Reflex immer besser zu kontrollieren.
- Es kann sein, dass mit der Zeit der Raum um die „Materie" der Kerze etwas wolkenhaft und unwirklich erscheint. Das ist gut!
- Üben Sie mindestens zehn Minuten.

Die 2. Lektion

Bleiben Sie nun in dieser Ruhe und in diesem Zustand und lesen Sie folgenden Satz, als wäre es das erste Mal, auch wenn Sie ihn schon kennen.

„**Ich bin** der Anfang – *meine Gedanken und Worte sind Ursache.*"

Reflektieren Sie diesen Gedanken so lange, bis Sie Frieden spüren. Atmen Sie dabei langsam. Behalten Sie den Rhythmus Ihrer Atmung bei. Spüren Sie das warme Lächeln auf Ihrem Gesicht und die Freude.

2. Gedankeninstrument

Nun benutzen wir wieder unser Gedankeninstrument, um das Ganze zu verinnerlichen. Augen geschlossen, Blick dabei leicht nach innen. Sprechen Sie in Gedanken oder auch laut, während Sie den Atem fließen lassen:

„Ich bin Ursache und Wirkung" – Einatmen
„Meine Gedanken und Worte werden/sind real" – Ausatmen

Etwa für fünf bis zehn Minuten so verinnerlichen.
Der Freude nachspüren.

3. Woche

Auch diese Woche haben wir eine Konzentrationsübung, allerdings mit dem Unterschied, dass wir nun auf eine Gedankenleere abzielen. Dies ist eine effektive Übung, um die Intuition und die inneren Bilder zu wecken.

Die 3. Übung

Diese Entspannungsübung oder alternativ CD *Track* 2.

• Bitte die empfohlene Haltung einnehmen.
• Für Ruhe und für eine angenehme Atmosphäre sorgen.
• Die Augen geschlossen halten.
• Ruhiges Atmen wie erlernt und ohne Unterbrechung.
• Den Blick wie beschrieben nach innen.

Die Technik:

• Vermeiden Sie jeden Gedanken. Gedanken sind momentan für uns wie Wolken. Kommt ein Gedanke, so lassen Sie ihn einfach vorbeiziehen.
• Nichts ist von Interesse, wir hängen keinem Gedanken nach.
• Auch wenn es anfangs schwer erscheint, üben Sie weiter, ohne sich zu verkrampfen.
• Üben Sie fünf bis 15 Minuten lang.

Die 3. Lektion

Bleiben Sie nun in dieser Ruhe und in diesem Zustand und lesen Sie folgenden Satz, als wäre er völlig neu für Sie.

„Ich bin vollkommenes Bewusstsein – *alles entsteht aus mir heraus."*

Reflektieren Sie auch diesen Gedanken, bis Sie einen sanften Frieden spüren.
Atmen Sie dabei tief und langsam. Behalten Sie Ihren Atemrhythmus bei. Spüren Sie Ihr leichtes Lächeln auf Ihrem Gesicht.

3. Gedankeninstrument

Nun folgt unser Gedankeninstrument, um das Ganze zu verinnerlichen. Sprechen Sie in Gedanken oder auch laut, während Sie langsam weiteratmen:

„Ich bin vollkommenes Sein" – Einatmen
„Alles entsteht entsprechend aus mir" – Ausatmen.

Etwa für fünf bis zehn Minuten so verinnerlichen.
Die Augen geschlossen halten, den Blick leicht nach innen.
Der Lebenskraft nachspüren. Dabei nehmen Sie vielleicht ein sehr angenehmes Prickelgefühl in der Brust – im Bereich des Herzens – wahr.

4. Woche

Die nun folgende Übung weckt die inneren Bilder und so die schöpferische Vorstellungskraft.

Die 4. Übung

Diese Entspannungsübung oder alternativ *CD Track 2*.

• Bitte die empfohlene Haltung einnehmen.
• Für Ruhe und für eine angenehme Atmosphäre sorgen.
• Die Augen geschlossen halten.
• Ruhiges tiefes und gleichmäßiges Atmen.
• Den Blick wieder leicht nach innen richten.

Die Technik:

• Betrachten Sie intensiv einen einfachen Gegenstand,
  z. B. eine Kerze, ein Feuerzeug, einen Würfel oder ähnliches.
• Prägen Sie sich möglichst genau die Form, Farbe und Beschaffenheit
  ein. Jeweils etwa zwei Minuten genügen.
• Schließen Sie danach die Augen.
• Versuchen Sie nun, sich so plastisch wie nur möglich, den Gegenstand vor ihren inneren Augen vorzustellen und genau zu
  betrachten.
• Versuchen Sie Details und vielleicht auch die Farbe des Gegenstands
  zu sehen.
• Insgesamt etwa fünf bis 15 Minuten üben.

Die 4. Lektion

Bleiben Sie nun in dieser Ruhe und in diesem Zustand und lesen Sie folgenden Satz, als wäre es das erste Mal, auch wenn Sie ihn schon kennen.

"**Ich bin** Harmonie und Frieden – *alles gleicht sich mir an.*"

Reflektieren Sie nun diesen Gedanken, bis Sie Frieden spüren. Atmen Sie dabei langsam. Halten Sie diese Frequenz. Spüren Sie das warme Lächeln auf Ihrem Gesicht und die tiefe Freude.

4. Gedankeninstrument

Nun benutzen wir wieder unser Gedankeninstrument, um die Lektion zu vertiefen. Sprechen Sie in Gedanken oder auch laut und lassen Sie den Atem weiter fließen:

"Ich bin Harmonie" – Einatmen
"Mein Außen ist gleich meinem Innen" – Ausatmen

Etwa für fünf bis zehn Minuten so verinnerlichen.
Die Augen geschlossen halten, den Blick leicht nach innen gerichtet.
Wieder versuchen, der prickelnden Lebenskraft nachzuspüren.

5. Woche

Auch diese Woche haben wir eine Übung, um die visuelle Vorstellungskraft zu trainieren, allerdings mit einem etwas komplexeren Gegenstand.

Die 5. Übung

Diese Entspannungsübung oder *alternativ CD Track 2*.

• Bitte die empfohlene Haltung einnehmen.
• Für Ruhe und für eine angenehme Atmosphäre sorgen.
• Ruhiges tiefes Atmen – ohne Unterbrechung.
• Die Augen geschlossen halten.
• Den Blick ganz leicht nach innen richten.

Die Technik:

• Betrachten Sie einen komplexeren Gegenstand als letzte Woche, der etwas mehr Details aufweist, wie etwa ein Bild, ein Auto oder eine Landschaft.
• Prägen Sie sich möglichst genau Form, Farbe, Details und Beschaffenheit ein. Jeweils etwa drei bis vier Minuten genügen.
• Schließen Sie danach Ihre Augen.
• Versuchen Sie nun, den Gegenstand so plastisch wie nur möglich vor Ihrem inneren Auge entstehen zu lassen, und betrachten Sie ihn genau.
• Versuchen Sie insbesondere die Details und die Farbe des Gegenstandes zu sehen.
• Der Unterschied zwischen der reinen Vorstellung und dem tatsächlichem Sehen mit den Augen sollte mit der Zeit weniger werden.
• Insgesamt etwa zehn bis 15 Minuten üben.

Die 5. Lektion

Bleiben Sie nun in dieser Ruhe und in diesem Zustand und lesen Sie folgenden Satz, als wäre es das erste Mal, auch wenn Sie ihn schon kennen.

„**Ich bin** ein Magnet für das, was ich bin – **Ich bin** *gleich mit dem Vollkommenen.*"

Reflektieren und spüren Sie diesen Gedanken so lange, bis Sie Frieden spüren.
Atmen Sie dabei langsam und tief. Behalten Sie Ihren Atemrhythmus bei. Spüren Sie die Freude, die ein Lächeln auf Ihr Gesicht zaubert.

5. Gedankeninstrument

Wir vertiefen das Ganze nun mit unserem Gedankeninstrument. Sprechen Sie in Gedanken oder auch laut und lassen Sie dabei ihren Atem fließen:

„Ich bin die Anziehung" – Einatmen
„Ich stehe in Resonanz mit der Ur-Liebe" – Ausatmen.

Etwa für fünf bis zehn Minuten auf diese Weise üben und verinnerlichen.
Die Augen geschlossen, den Blick leicht nach innen gerichtet. Der prickelnden Lebenskraft nachspüren.

6. Woche

Dies ist eine sehr schöne Visualisierungsübung: Nun üben wir mit einer bewegten Szene oder Alltagssituation.

Die 6. Übung

Diese Entspannungsübung oder *alternativ CD Track 2.*

* Bitte die empfohlene Haltung einnehmen.
* Für Ruhe und für eine angenehme Atmosphäre sorgen.
* Die Augen geschlossen halten.
* Ruhig, tief und gleichmäßig in den Bauch hineinatmen.
* Den Blick nach innen richten.

Die Technik:

* Stellen Sie sich eine Szene oder eine Alltagssituation, z. B. wie Sie auf dem Markt einkaufen, so plastisch und lebhaft wie möglich vor.
* Prägen Sie sich alle Details ein, möglichst auch alle Geräusche, Farben, Lichtverhältnisse und Gerüche.
* Stellen Sie sich vor, wie Sie etwas mit der Hand berühren, es ertasten, vielleicht einen Apfel. Riechen Sie daran, spüren Sie den Wind und die Sonnenstrahlen auf Ihrem Gesicht ...
* Achten Sie ganz wach auf alles, was geschieht. Vielleicht treffen Sie jemanden und unterhalten sich ...
* Etwa zehn bis 15 Minuten üben.

Die 6. Lektion

Bleiben Sie nun in dieser Ruhe und in diesem Zustand und lesen Sie folgenden Satz, als wäre es das erste Mal, auch wenn Sie ihn schon kennen.

„**Ich bin** Bewegung – *Was **ich bin**, schwingt zurück in meine Realität.*"

Reflektieren Sie diesen Gedanken freudig so lange, bis Sie Frieden spüren.
Atmen Sie dabei langsam. Behalten Sie Ihren Atemrhythmus bei. Spüren Sie das warme Lächeln auf Ihrem Gesicht und die Freude!

6. Gedankeninstrument

Wir vertiefen das Ganze nun erneut mit unserem Gedankeninstrument. Sprechen Sie in Gedanken oder auch laut, und atmen Sie dabei langsam weiter:

„*Ich bin die Veränderung …*" – Einatmen
„*… zur absoluten Vollkommenheit*" – Ausatmen

Etwa fünf bis zehn Minuten lang so verinnerlichen.
Die Augen geschlossen halten, den Blick leicht nach innen richten und der wundervoll prickelnden Lebenskraft nachspüren.

7. Woche

Wir sind in der letzten Woche angelangt und beenden das Programm mit einem krönenden Abschluss.

Die 7. Übung

Diese Entspannungsübung oder *alternativ CD Track 2.*

- Bitte die empfohlene Haltung einnehmen.
- Für Ruhe und für eine angenehme Atmosphäre sorgen.
- Die Augen sind geschlossen.
- Ruhig und tief in den Bauch hineinatmen.
- Den Blick nach innen richten.

Die Technik:
- Werden Sie sich eines näheren Ziels, eines wirklichen Wunsches bewusst – das mag Gesundheit, Geld, Frieden, Freude, Partnerschaft oder Ähnliches sein.
- Stellen Sie sich nun vor (genauso wie Sie es letzte Woche geübt haben), wie Sie zum Beispiel die Liebe Ihres Lebens kennenlernen und welch tiefe Freude Sie dabei spüren. Oder wie Sie das gewünschte Geld nutzen und wie Sie es für das ausgeben, was Sie gerne haben wollen. Oder was Sie tun werden, wenn Sie wieder ganz gesund sind. Genießen Sie diese Vorstellung in vollen Zügen.
- Laden Sie die ganze Szene mit Licht und Lebenskraft auf, indem Sie Freude und tiefe Liebe in die Situation geben.
- Ziehen Sie dieses wohlwollende Gefühl aus Ihrem innersten Wesenskern und beschenken Sie die vorgestellte Szene damit. Schaukeln Sie es bis zum Höhepunkt, zur Ekstase der Freude, auf.
- Üben Sie das Ganze etwa zehn bis 15 Minuten oder länger.
- Am Höhepunkt lassen Sie einfach los und denken an etwas völlig anderes, wie etwa Einkaufen oder ein geplantes Telefonat. Lassen Sie das so entstandene Vakuum ungestört wirken.

• Falls Ihnen im Alltag die vorgestellte Szene wieder in den Sinn kommen sollte, lassen Sie diese gleich wieder in Freude los und weiterziehen. Mit dieser in sich ruhenden Haltung bestätigen Sie Ihre Bestellung erneut!

Die 7. Lektion

Bleiben Sie nun in dieser Ruhe und in diesem Zustand und lesen Sie folgenden Satz, als wäre es das erste Mal, auch wenn Sie ihn schon kennen.

„Ich bin die Vereinigung – *Frieden entsteht durch das Zusammenführen der Gegensätze."*

Reflektieren Sie diesen Gedanken so lange, bis Sie Frieden spüren. Atmen Sie dabei langsam. Lassen Sie Ihren Atem einfach fließen. Spüren Sie das freudige Lächeln auf Ihrem Gesicht!

7. Gedankeninstrument

Wir vertiefen das Ganze nun erneut mit unserem Gedankeninstrument. Sprechen Sie in Gedanken oder auch laut, während Sie langsam weiteratmen:

„Ich bin Vereinigung und Friede" – Einatmen
„Alles ist Eins und Eins ist Alles" – Ausatmen

Etwa für fünf bis zehn Minuten so verinnerlichen.
Die Augen sind geschlossen, der Blick ist leicht nach innen gerichtet.
Der prickelnden Lebenskraft nachspüren.

Hiermit ist das Programm beendet.

Die 7 geistigen Gesetze sind die Göttliche Liebe in Aktion. Achten Sie auf die Veränderungen in Ihrem Leben! Die Verbindung mit dem göttlichen Selbst und der Liebe ist die direkte „Autobahn" zu allem, was ein Herz nur begehren kann. Nun können Sie mithilfe dieses Wissens aus sich selbst heraus ein gesundes Geldbewusstsein, Gesundheitsbewusstsein, Füllebewusstsein, Liebesbewusstsein usw. schaffen und das ohne die üblichen Hindernisse und Blockaden. Denn dieses höchste schöpferische Bewusstsein erhält sich durch die Liebe zu sich selbst. Die Übungen lehren uns, mit unserem göttlichen Kern verschmolzen zu sein. Das Gefühl, das dabei entsteht, gleicht sehr dem, das man hat, wenn man mit jemanden sehr vertraut zusammen ist und kuschelt. Weshalb? Der Wunsch nach Verbindung, das Teilen desselben Energiefeldes, wohnt uns allen inne. Achten Sie dabei einmal auf den Gesichtsausdruck, den Sie haben, wenn Sie mit jemandem schmusen. Man lächelt einfach zufrieden in sich hinein. Wer die Vertrautheit mit dem wahren „Ich" übt, wird das dazu schwingende „bin" (Frequenzresonanz) damit beständig ausstrahlen. Die Ruhe und Verbundenheit der Meditation wird zu einem normalen Zustand – auch im Alltag. Das kann richtig angenehm süchtig machen!

Dieses Programm kann so oft wiederholt werden, wie es nötig erscheint. Bei manchen mag einmal ausreichen, andere wiederholen öfters.

> *„Wer sich nicht selbst befiehlt,*
> *bleibt immer Knecht."*
>
> *Johann Wolfgang von Goethe*

Noch ein Wort zur Kontinuität. Kontinuität bedeutet eigentlich nichts anderes, als fortgesetzt eine Ursache zu setzen für eine anhaltende Wirkung. Jede (positive) Gewohnheit wird schlicht durch Beständigkeit geformt. Wenn Sie etwas als richtig für sich erkannt haben, so bleiben Sie in diesem Fluss, indem Sie dieses fortlaufend durch Üben verinnerlichen. Üben Sie! Nur wer „übt", lernt sich zu erinnern!

Affirmation und Visualisierung

„Aus der Fülle des Herzens, redet der Mund."

Lukas 6,45

Das Umkreisen einer Sache durch entsprechendes Affirmieren und Visualisieren führt zur Vereinigung: zur Verbindung, zur Identifikation, zur Liebe und damit zum „Ich-bin"-**Prinzip.**
Eine korrekt ausgeführte Affirmation ist im eigentlichen Sinne eine Programmierung, ganz ähnlich unserem Gedankeninstrument.
Das Wort Affirmation kommt aus dem lateinischen *„affirmare"* und bedeutet „behaupten, bekräftigen, versichern, bestätigen, beteuern".

Es handelt sich dabei um eine gewollte Suggestion (Lateinisch: *suggestio"* = Eingebung, Einflüsterung), welche die neue Information mittels machtvoller Worte in unsere Wirklichkeit programmiert.
Was ist gemeint mit Programmieren? Ein Vergleich: Wenn man auf einem Computer ein neues Programm installieren will, muss man oft das alte, überholte Programm löschen, damit das neue reibungslos laufen kann. Und genauso verhält es sich mit unserem Denkapparat und unserem Unterbewusstsein. Programmieren oder Affirmieren ist nur das gezielte Aufspielen von Programmen mit neuen und besseren Funktionen und das Löschen alter, überflüssiger Gedanken.

Eine Affirmation ist demnach eine positiv formulierte Wahrheit, die aber ganz bestimmten Regeln folgen sollte. Durch Affirmieren im Einklang mit den „Geistigen Gesetzen" beginnen wir beispielsweise Glück „im Vorhinein zu fühlen", indem wir das Glücksgefühl mittels unserer Gedanken einfach erschaffen.

Die positive Formulierung ist dabei sehr entscheidend, da weder unser Unbewusstes, noch das Universum auf verneinende Worte reagieren: *„Nein, nie, nimmer, niemals, auf keinen Fall"* – diese Worte dürfen bei einer Affirmation nicht vorkommen. Denn sie werden fatalerweise schlichtweg überhört. Im Verständnis des Unterbewusstseins und bei den Gesetzen des **Prinzips** gibt es schlicht keine Negation.

Das bedeutet praktisch:
Wer nun beispielsweise sagt *„Ich will nie wie meine Eltern werden!"* der sagt damit eigentlich *„Ich will – piep! – wie meine Eltern werden!"* Wahrscheinlich kennt jeder von uns so einen Fall, wo genau der, der einst solches sagte, heute seine Kinder genauso anschreit wie seine Eltern damals ihn.

Ich kenne das nur zu gut aus eigenem Erleben. Ich sagte auch immer *„Niemals! Das Letzte, was ich tun würde, wäre ein Buch schreiben."* Und was mache ich gerade!?

*„Es geht mir von Tag zu Tag in jeder Hinsicht
immer besser und besser."*

Emile Coué

Es ist also entscheidend, wie wir formulieren. Lassen wir einfach alles weg, was „falsch" verstanden werden könnte, so sind wir auf der sicheren Seite.

Das Universum muss genau wissen, um was es geht. Nur so können wir auch ein entsprechendes Ergebnis erwarten.

Wir formulieren am besten immer in der Gegenwartsform. Und wir formulieren ausschließlich positiv. Und ganz entscheidend ist: Wir formulieren immer habend!

Nicht Mangel, Fülle! Nicht erwarten, haben! Nicht suchen, sondern finden! Nicht Glauben, Wissen!

Artikulieren Sie deshalb ausschließlich das, was Sie haben wollen, und das in der „Jetztform". Alles andere ist weniger wichtig: Ich bin, ich habe, ich tue, ich genieße, ich freue mich an …

Sie wissen ja: Alles, was man ausspricht und aussendet, zieht immer wieder dasselbe an.

Ein gutes Beispiel dafür ist folgendes Ereignis:
Für mein erstes Buch wünschte ich damals, nach zwei Jahren im Eigenverlag, einen neuen Verlag. Mein Favorit gab mir prompt eine Absage, während ich auf einer Studienreise in Südamerika unterwegs war. Meine Frau erzählte mir davon, worauf sie mich ermutigte (danke) und mit großer Gewissheit sagte *„Dieser Verlag war nicht gut genug für Dein Buch, es wird stattdessen der beste Verlag kommen."* So stimmten wir darin überein (zwei zusammen vereint, haben mehr Potenzial als einer allein), dass es jetzt so ist. Ich dachte und wiederholte nur *„Ich bin beim besten Verlag!"* und freute mich.
Wir hatten damit schon, bevor wir hatten – und zwar im Jetzt. Wir ließen los und ruhten einfach entspannt in der Gewissheit.
Als ich nach ein paar Wochen von meiner Reise wieder nach Hause kam, hörte ich das Telefon klingeln, noch bevor ich die Türe aufschließen konnte. Nachdem ich, etwas außer Puste, die Koffer abgestellt hatte, reichte mir meine Frau den Apparat. Am anderen Ende der Leitung war ein Mann, der mein Buch verlegen wollte. Aber nicht von irgendeinem Verlag, nein: von dem absoluten Traumverlag!
Später erzählte mir meine Frau etwas zittrig, dass sie, nachdem wir am Telefon übereingestimmt hatten, dass der richtige Verlag noch kommen würde, zu sich selbst gesagt hatte *„Noch bevor mein Mann von seiner Reise zurückkommen und zur Tür hereingekommen ist, haben wir eine Zusage des besten Verlags.* Und genau so ist es geschehen – auf die Minute!
Aber das war noch nicht alles. Kurze Zeit später bekam ich eine E-Mail von einem anderen Verlagschef aus genau derselben Verlagsgruppe. Er fragte an, ob ich Interesse hätte, mein Buch bei ihm verlegen zu lassen. Ich rief umgehend an und wollte wissen, wie dies sein könne, da ich doch schon in ihrem Hause Autor sei?!
Sie wollten mein Buch auch!

Ich hatte also innerhalb kürzester Zeit zwei unabhängige Angebote vom demselben Verlagshaus bekommen. Jeder „normale" Autor würde alles dafür tun, um bei einem solchen Verlag unterzukommen! Alles! Und die beiden Verlage waren sogar auf mich zugekommen, nicht umgekehrt!

Leider musste ich nun einem den Vorzug geben und dem anderen absagen, da hier wohl eine Art Doppelausführung unseres Wunsches vorlag...

Bei der hohen Kunst des Affirmierens mag der Verstand anfangs einwenden *„Ich kann das doch so nicht sagen, wenn es nicht so ist. Das wäre doch eine Lüge. Und ich lüge nicht."* Doch eine Lüge ist es, wenn wir nicht artikulieren, was wir wirklich wünschen. Denn genau dann leben wir tatsächlich eine Lüge, weil wir nämlich etwas wollen, aber nicht bereit sind, die nötige Ursache zu setzen. Dadurch verleugnen wir letztlich unsere eigene innere Wahrheit. So lebt man in Unkenntnis der wirklichen Realität. Was bitte soll daran Wahrheit sein?

Besser eine wahre „Lüge" leben, die aber der inneren Wahrheit entspricht, als etwas als „Wahrheit" anzuerkennen, was wir eigentlich nicht wollen. Das Bewusstsein ist die einzige Realität! Und was immer das Bewusstsein will, kann nur ein Ausdruck purer Wahrheit sein.

Wenn man eine Affirmation wie ein Gedankeninstrument ständig wiederholt, so umgehen wir den zensierenden Verstand, welcher oft noch im Beta-Bewusstsein fest hängt. Gleichzeitig erleben wir dabei ein entsprechendes Gefühl der Vorfreude.
Es ist dabei vollkommen egal, ob wir das glauben können, was wir da sagen. Wenn wir es oft genug wiederholen und vielleicht auch noch für den Verstand begründen, werden wir es nicht nur glauben, wir werden es wissen!
Wird es oft genug wiederholt, beginnen wir es außerdem zu fühlen.

Gedanken sind aktive Schöpfung.
Schöpfung wird beschleunigt, wenn die Gedanken
mit entsprechenden Gefühlen einhergehen.

Wenn wir einfach sagen: „Freude, Freude, Freude, Freude..." so werden wir fast augenblicklich auch (echte) Freude spüren können. Irgendein Schalter wird in uns umgelegt und Wellen der jeweiligen Emotion beginnen Kreise zu ziehen. Dies funktioniert auf allen Gefühlsebenen. Auf diese Art und Weise ist es uns nicht nur möglich, die „unmöglichsten" Dinge zu glauben, sondern sie auch tatsächlich zu spüren! So ist es möglich, über unser Vermögen (unsere momentane Fähigkeit) hinaus zu glauben oder sogar zu wissen. Ist es nicht weit besser, an einen Job als Hotelchef zu „glauben" und dann Portier zu werden, als an den Job als Portier zu „glauben" und doch nur Tellerwäscher zu werden?

Träumt man über das, was man derzeit vermag, hinaus, so entsteht ein großer Sog.

Dazu fällt mir auch gleich ein Beispiel ein:
Meine Frau und ich waren damals auf Wohnungssuche und fanden bald eine Wohnung, die mehr als das Doppelte der bisherigen kosten sollte, uns aber sehr gut gefiel. Zu dieser Zeit war unser Einkommen gering. Es war eigentlich geradeso ausreichend für die Miete unserer bisherigen kleinen Wohnung. Dennoch nahmen wir die neue große Wohnung im Vollbewusstsein, dass sich nun eben die Umstände und der Verdienst der neuen Miete anpassen müssten.
Wir zogen also ein, obwohl ich damals keine Arbeit in Aussicht hatte. Ich hatte schon einige Bewerbungen auf den Weg gebracht, doch die Absagen stapelten sich auf meinem Schreibtisch. Doch daran verschwendeten wir keinen Gedanken. Wir waren uns sicher, dass jetzt (!) dafür gesorgt ist. Schließlich war doch unsere Bestellung schon unterwegs!
Kurze Zeit später wurde ich zu einem Vorstellungsgespräch bei einer sehr beliebten Firma eingeladen, die darüber hinaus weit über Tarif zu zahlen pflegte. Ich bekam die Zusage tatsächlich und das noch am selben Tag.

Nach Hause zurückgekehrt, erzählte ich alles meiner Frau. Wir jubelten... plötzlich klingelte das Telefon. Am anderen Ende der Leitung war eine andere Abteilung der besagten Firma. Auch sie bat mich zu einem Vorstellungstermin. Ich wies darauf hin, dass ich bereits eine Arbeit in ihrer Firma hätte. Die Sekretärin aber versicherte, dass die beiden Abteilungen nichts miteinander zu tun hätten. So fragte ich verdutzt „Wann?". Die Sekretärin sagte „Jetzt!" Und auch diesen Job bekam ich! Nach Monaten ohne auch nur eine Aussicht auf Arbeit, konnte ich nun zwei Stellen in der begehrtesten Firma weit und breit bekommen – und das alles an nur einem Tag! Die Firma gab mir ein gutes Wochenende Zeit, um mich für eine der beiden Abteilungen zu entscheiden. Beide Angebote waren verführerisch. So fiel die Entscheidung bei dieser „Doppellieferung (schon wieder!) auch dieses Mal nicht leicht.

Das Leben kann ja so nett sein ...

Im Volksmund heißt es doch „Geld kommt immer zu Geld". Das stimmt! Aber warum ist das so? Doch nur, weil jemand, der Geld in Fülle hat, am Morgen aufsteht und die Tatsache sagen kann: „Ich habe Geld!" Dadurch zieht er nur noch mehr an. Ganz wichtig: Geld zieht ganz allein aus diesem Grund immer mehr Geld an. Es gibt dabei einen entscheidenden Grundsatz: Über Geld redet man nicht, man hat es! Und so verhält es sich mit allem.

Glück kann man zwar nicht am Kontostand ablesen, aber eine gesicherte materielle Existenz gehört unmittelbar zum Glück dazu.

Es ist außerdem nicht nötig, vor einer Affirmation an den Auslöser für die Affirmation (also zum Beispiel Mangel) zu denken oder ihn gar auszusprechen. Am wirksamsten ist eine Affirmation, wenn wir diese einfach nur aus reiner Freude anwenden, nicht aus Mangeldenken. Wir schenken dem unsere Aufmerksamkeit, was wir wollen, nicht dem, was wir nicht wollen.

So bleiben wir garantiert in der schöpferisch aktiven Frequenzebene des Denkens: der Wunschfrequenz. Ganz wichtig zur Erinnerung: Eine Affirmation funktioniert nur außerhalb des Betabereiches und nur innerhalb der besagten „Wunschfrequenz" (Alphabereich und tiefer).

Deshalb: Senden Sie eine Affirmation nicht aus, um etwas zu bekommen, sondern weil Sie es schon wissend in ihrem Inneren in Besitz genommen haben!

Beispiele für gesetzmäßige Affirmationen nach den Überlieferungen:
Ich bin *das Licht in menschlicher Gestalt.*
Ich bin *frei, ich selbst zu sein.*
Ich bin *Geist und nutze einen Körper.*
Ich *herrsche über meine Materie.*
Ich *spiele mit meiner Materie.*
Ich bin *Eins.*
Ich bin *in Besitz eines neuen Autos, wundervollen Hauses ...*
Ich bin *kreativ.*
Ich bin *meine eigene Schöpfung.*
Ich bin *frei, so kommt alles, was frei macht, zu mir.*
Ich bin *reich, darum fließt mir noch mehr Geld zu.*
Ich bin *ein Geldmagnet.*
Ich bin *ein Magnet für Glück!*
Ich bin *gesund, deshalb kommt alles Heilsame zu mir.*
Ich bin *Liebe, Freude, Frieden, Harmonie, Fülle, Glück, Weisheit, Eins, VOLLKOMMEN!*
Ich bin!!!

In der gleichen Zeit, in der man sich vielleicht Sorgen macht, könnte man doch stattdessen auch das Gegenteil tun: Affirmieren!
Die Methode der Wiederholung einer bestimmten Affirmation ist besonders gut geeignet für geschäftige Menschen, die naturgemäß wenig Zeit haben. Denn während man eine monotone Arbeit erledigt oder wenn der Verstand einfach nur beschäftigt ist, dringen Nebenbei-Affirmationen noch leichter in unser Unterbewusstsein ein, da sie vom Verstand nicht zensiert werden.
Ein freudiger Gedanke, den man losschickt, während man schwer beschäftigt ist, ist also ein effektives Mittel, um in einer kraftvollen Resonanz zu stehen. Man denkt einfach an das, was man will, freut sich, lässt es wieder los und arbeitet weiter.

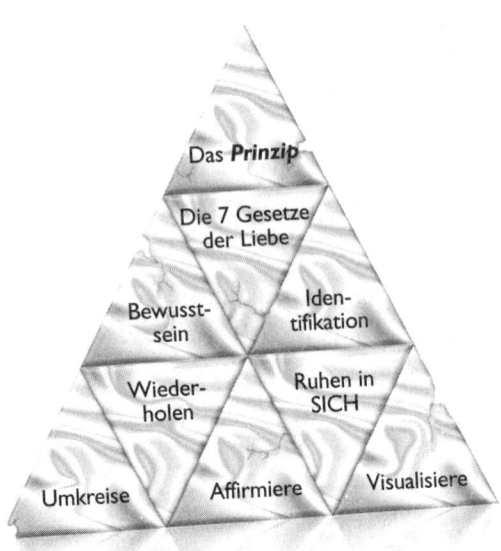

Nun zum Visualisieren:
Ein Gedanke ist mächtig, aber noch mächtiger ist allerdings das gesprochene Wort. Am mächtigsten aber ist ein „gefühltes" visuelles Bild. Der Verstand braucht klare Fakten, das Unterbewusstsein benötigt Bilder und das Herz pocht auf Gefühle.

*„Erzeuge in Deinem Körper
durch Gedanken ein Bild."*

Smaragdtafel III

Wir alle visualisieren unentwegt, ohne uns dessen bewusst zu sein. Sobald wir einen Gedanken mit einem Bild verbinden, visualisieren wir. Wir denken eigentlich immer in Bildern.

Träumen (Visualisieren) bedeutet demnach, sich schon in Bereichen aufzuhalten, in denen man augenscheinlich noch nicht ist. Visualisieren heißt also, die Zukunft zu proben!

Das Visualisieren von Bildern und Szenen des gewünschten Resultats ist nur eine andere Form der Affirmation. Dabei kommt es auf die Vorstellungskraft (rechte Gehirnhälfte) an. Diese Technik muss unter Umständen etwas intensiver geübt werden, als das einfachere positive Formulieren.

Das Universum spricht auf Bilder besser an, als auf bloße Gedanken oder Worte. Visualisieren bedeutet also, einfach sich etwas bildlich vorzustellen und es mit entsprechender Gefühlsenergie aufzuladen. Energie fließt dorthin, wohin die Gedanken, die Aufmerksamkeit und die Absicht gehen. Der (visuelle) Fokus ist dabei der Brennpunkt der schöpferischen Energie.

Dabei ist noch eine wichtige Regel zu beachten: Es ist bedeutend kraftvoller, wenn wir zu Anfang mit etwas völlig Abstraktem beginnen und erst dann langsam zu den Einzelheiten und Details unserer Wünsche übergehen.

Also: Erst abstrakt, dann exakt!

Ein Beispiel zum Thema „Partnerschaft":

Wir beginnen damit, uns ganz allgemein (abstrakt) einen Partner/ eine Partnerin zu wünschen.
Danach gehen wir ins Detail:
Natürlich sollte er/sie nett sein und liebevoll ...
Und es geht in weitere Einzelheiten:
Sie sollte Nichtraucherin sein, am besten mit brünetten Haaren und eine schöne Stimme haben ...

Der Start mit dem Grundsätzlichen und dann der allmähliche Übergang zum Detail gewährleistet, dass wir den Überblick bewahren und motiviert bleiben. Wir benötigen immer erst eine Leinwand, bevor wir anfangen können, darauf unser Bild filigran in Details zu malen.

Indem wir zuerst das abstrakte Grundsätzliche schaffen, schaffen wir gleichzeitig auch den (großen) Erwartungsrahmen, so dass wir zuerst das Beste erwarten. Das Beste folgt dann leichter in wunderbaren kleinen Details, bis das Bild vollständig oder die „Lieferung" tatsächlich in unserem Leben eingetroffen ist. In diesem Zustand kommen die Dinge immer besser als erwartet.

Das Affirmieren und Visualisieren funktioniert am besten, wenn wir alle Ebenen unserer Ausdrucksmöglichkeiten nutzen: Etwa 60 Prozent dessen, was wir ausdrücken ist Körpersprache und 30 Prozent der Information liegen im Tonfall, also in der darin schwingenden Emotion.

Das bedeutet, dass 90 Prozent dessen, was wir ausdrücken, in der Tat nicht durch die Worte mitgeteilt wird, die aus unserem Mund kommen. Einen Wunsch sendet man aber am besten mit 100 Prozent Intensität aus. Eben ganzheitlich. Das darf gern noch durch eine gerade, aufrechte Köperhaltung betont werden.

Das Entscheidende bei der Aussendung ist das Gefühl, denn Worte können gespielt sein, Gefühle nicht. Gefühle sind der Indikator für unser Denken, denn „schlechte" Gedanken führen immer zu „schlechten" Gefühlen. Wir müssen nur sehen, wie unsere gegenwärtige Gefühlslage geartet ist, um erkennen zu können, wie unsere Gedankenwelt in der unmittelbaren Vergangenheit beschaffen war.
Dabei ist die Freude der „Vakuumindikator" und schafft ein dauerhaftes magnetisches Feld zur Wunscherfüllung, da wir im Zustand der Freude immer auf der „Wunschfrequenz" senden.

Gedanken sind die Ursache der Gefühle. Gefühle unterstehen also dem Verstand. Probieren Sie es aus: Denken Sie (einmal ausnahmsweise) ein paar Minuten an etwas sehr Trauriges. Was fühlen Sie? Trauer! Dieses praktische Beispiel zeigt Ihnen, wie Gefühle entstehen. Solange bei jemandem aber noch, andersherum, die Gedanken unkontrolliert aus Gefühlen entstehen, hat er noch etwas Arbeit vor sich. Denn ein Meister des Lebens herrscht über seine Gefühle und setzt sie bewusst und gekonnt als Werkzeug ein.

„Wenn Ihre Wünsche und Ihre Vorstellung
in Konflikt zueinander stehen,
wird die Vorstellung immer siegen."

Emile Coué

Zusammengefasst:
Der Gedanke der Affirmation und das Bild der Visualisierung als Ursache sind Informationen in Schwingung gesetzt. Sie „funken" auf einer bestimmten Frequenz. Die Emotion ist dabei die Amplitudenstärke und somit die enthaltene Energie. Und die Gefühle bestimmen die Wunschgeschwindigkeit.
Um wirksame Resultate zu erhalten, sendet man eine „Bestellung" deshalb immer mindestens im Alphawellen-Bereich aus. In diesem Frequenzbereich stimmen Gefühle und Gedanken völlig einheitlich überein. Deshalb sind die in diesem Teil dargelegten Wochenübungen die beste Grundlage für effektive Bestellungen.

Man kann nur das wünschen, was man selbst ist, und demnach auch nur das verwirklichen, was man als „Wirklichkeit" ist.
Deshalb gilt: Jeder Wunsch, den man erfüllt, ist ein sichtbarer Ausdruck, ein Spiegelbild von uns selbst – ein Ausdruck unseres göttlichen Kerns.

Nach dem erfolgreichen Wünschen von Wohlstand, Liebe, Freude, Glück, bleibt nur noch eines: „Ich bin." **Punkt.**

Wenn Sie nur noch Liebe spüren,
gehört Ihnen das All!

Anmerkung: Das Musikstück – *Principia* – auf der beiliegenden CD, wurde eigens vom Autor geschrieben, um als Basis für die eigene Praxis des Affirmierens und des Visualisierens zu dienen.

3

Anwendungen zur Wunscherfüllung und Tipps

Die Erschaffung der Wirklichkeit ist immer im Jetzt

„Mehr als die Vergangenheit interessiert mich die Zukunft, denn in ihr will ich leben."

Albert Einstein

Die Zukunft entsteht immer jetzt! Das Rezept für ein vollkommenes Leben liegt im HIER und JETZT.

Wie ich schon angedeutet habe, ist es wichtig, das Wesen der Zeit zu verstehen. Beim Wünschen und Kreieren gibt es keine Zeit. Alles ist immer jetzt. Darum wird jeder Wunsch in der Gegenwartsform gedacht und ausgesprochen, so als hätte man das Gewünschte bereits in seinem Besitz. „Ich bin" ist immer (!) Gegenwart!

Ich habe in meinen metaphysischen Studien allein mehr als 15 Jahre damit verbracht, die Bibel und ihren Urtext zu studieren. Und immer wenn dort von „Glauben" die Rede ist, wird dies in einer Zeitform wiedergegeben, die weder in der deutschen noch englischen Sprache vorkommt. Darum wird auch vieles fehl gedeutet.

Seit 2000 Jahren wird daher an etwas zentral Wichtigem konsequent vorbei studiert. Es ist die Rede vom sogenannten „Aorist". Das nun ist die Zeitform des Glaubens und Manifestierens. Aus diesem Grunde verkümmert so manche gute Botschaft zu einer hohlen Form, wobei das Allerbeste verpasst wird.

Die Zeitform des *Aorist* ist nämlich weder Vergangenheit, noch ist sie reine Gegenwart oder Zukunft. Vielmehr beinhaltet der *Aorist* alle drei Zeitformen gleichwertig. Er besagt somit, dass etwas in der Vergangenheit begonnen und jetzt fortwährend seine Auswirkung hat – mit Schwerpunkt auf dem Jetzt. Dies ist der Hintergrund, vor dem ich an früherer Stelle schrieb: „*Aus Glaube muss Wissen werden!*"

Im Schnittpunkt zwischen Vergangenheit und Zukunft findet das eigentliche Leben statt.

Was bedeutet es nun, im Einklang mit den geistigen Gesetzen im *Aorist* zu „glauben"?

Wir sprechen etwas in der Gegenwart aus, was als Möglichkeit (Wahrscheinlichkeitsfeld) schon immer da war (schon existent in der Vergangenheit) und dadurch bleibenden Bestand hat.

Das bedeutet für uns: Nicht glauben, dass wir vielleicht etwas abbekommen, wenn wir brav waren, sondern sicher WISSEN, dass wir Anteil haben, weil wir ein Teil, ein Ausdruck von dem sind, der Alles ist.

„Darum sag ich euch: Alles, um was ihr auch betet und bittet, glaubt (wisst,) dass ihr empfangen habt (das ist Aorist), so wird es euch werden."

Markus 11,24.

siehe dazu auch Johannes 16,24 und 1. Johannes 5,15 usw.

Darin zeigt sich ein großer Unterschied zum Bitten und Betteln. Das war auch nie so gedacht. Es bestand niemals die Absicht, eine Trennungslinie zwischen Gebendem und Nehmendem zu ziehen, vielmehr ging es um Teilhabe und Vereinigung. In diesem Sinne sollte man auch das Bitten verstehen. Sagte nicht Jesus an mehreren Stellen in der Bibel: *„Glaubt und es wird Euch gegeben, bittet und Ihr werdet empfangen, glaubt, dass Ihr schon habt, während Ihr noch darum betet"*?!

Beispiel gefällig? Als meine Frau und ich unsere Hochzeitsringe kauften, machte uns die Verkäuferin darauf aufmerksam, dass alle, die jetzt Eheringe kaufen, automatisch an einer Verlosung teilnehmen würden. Der Hauptpreis: eine Honeymoon-Reise für zwei nach Venedig. Ich sagte ganz selbstverständlich, über meine „Dreistigkeit" selbst erstaunt, „Das ist unsere Reise, unser Gewinn!" Die Verkäuferin zeigte mir bei diesem Ausspruch innerlich einen Vogel. Aber: Unter 180 Teilnehmern gewannen wir die Reise!

Aus Glauben zu glauben − das ist Wissen. Und Wissen ist immer im Jetzt! Alles andere entfernt uns nur von uns selbst, von dem, was wir haben wollen, und von unserem göttlichen Zentrum.

Wer nicht hat, bevor er hat, wird niemals haben!

Sein, bevor man ist. Haben, bevor man hat. Empfangen, bevor man es sichtbar besitzt. Das ist, aus Glauben zu glauben. Aus Wissen zu wissen. Aus Liebe zu lieben. All das bedeutet SEIN! All das geschieht durch das „Ich bin!" Das ist das **Prinzip**! Alles, was geschaffen wird, jede Wunscherfüllung, ist immer im Jetzt. (Das genau bedeutet „Ich bin!". „Ich bin" ist nicht „Ich werde", sondern „Ich bin" ist immer im „Jetzt".)

Nur was man in der Gegenwart „vorweg-besitzt" kommt in die Gegenwart.

Nur so kann nach den Gesetzen des Lebens etwas das Gleiche anziehen: Nur Gleiches zieht sich in der Gegenwart (Jetzt) an.

Sagt jemand, dass ihm die Freude im Leben fehlt, so wird genau das „Gleiche" wie das Gesagte weiterhin geschehen müssen. Folge: Er hat weiterhin zu wenig Freude. Sagt jemand „Ich bin traurig", so wird auch weiterhin Trauriges passieren oder gefühlt werden.

Wenn es jemandem schlecht geht und er befolgt den Ratschlag, positiv zu denken, so wird er sich sagen: *„Gut, ich denke jetzt positiv, damit es mir nicht mehr so schlecht geht oder damit es mir besser geht".* Man muss aber verstehen, dass dies keine Besserung bringen kann. Denn wer versucht, positiv zu denken, damit es besser wird, bestätigt nur, dass es ihm (im Jetzt) schlecht geht. Aber da Gleiches wieder Gleichartiges anzieht, wird es ihm weiterhin schlecht gehen.

Ein weiteres Beispiel. Jemand beklagt sich: *„Mein Auto ist total im Eimer. Ich hätte gerne ein neues, leider fehlt mir das Geld."* So wird hier weiterhin dieser Umstand (Wirkung) herrschen, der seine Ursache und Resonanz durch diese Worte bekam. Die Folge ist, dass der Betreffende (aus Unwissenheit) auch in der „Zukunft" ein kaputtes Auto hat und dazu noch kein Geld! Das ist Wünschen aus Mangel heraus, ausgesendet im Beta-Wellenbereich. Das ist aber WEGWÜNSCHEN!
Mangel bewirkt weiteren Mangel. Dieser Negativ-Kreislauf funktioniert auch mit anderen Lebensbereichen wie Gesundheit, Beziehungen, Liebe, und Beruf.

Für erfolgreiches Wünschen muss die innere Resonanz stimmen. Also müssen wir einfach nur „habend" wünschen.

Heute ist Morgen.

Das, was wir sind, also mit unserem Bewusstseinskern ausstrahlen, setzt eine Schwingung frei, eine Resonanz. Und sie ist eine Ursache, die sich als Wirkung selbst die Erfüllung gibt durch Ausgleich mit dem, was wir da aussenden.
Verstehen Sie? Gleiches kann immer nur Gleiches anziehen!!!
Denn nur Gleiches schwingt in der gleichen Frequenz!

Alles ist ein Teil von Ihnen, da Sie ein Teil des Ganzen sind. Somit ist alles gleich mit Ihnen, je nach der in Ihnen vorherrschenden Bewusstseinsresonanz. Also „Ich bin ...", was immer man sein will.

Wir tun das bereits unbewusst ständig, und es funktioniert immer. Es ist jetzt nur vernünftig, **„Das Prinzip"** bei vollem Bewusstsein anzuwenden.

Die Erschaffung der Wirklichkeit erfolgt ausschließlich von innen nach außen. Erst wenn wir etwas „Gleiches" real in uns erschaffen, folgen uns die Dinge wie im Schlaf, ganz von selbst. Alles, was wir erschaffen, erschaffen wir im Jetzt. Die Zukunft ist immer Jetzt. Es gibt keine Zukunft, die nicht im Jetzt geschaffen wurde. Es gibt nur das ewige Jetzt!

Alles, was nicht jetzt ist, wird nie.

Hier haben wir nun das Paradoxon: Wunscherfüllung ist eine Frage von Zeit und Zeit existiert nicht. Wünsche werden darum immer in der Gegenwartsform ausgesprochen. Dem Sog muss immer zuerst ein Vakuum vorausgehen. Die Jetztform ist ein solches Vakuum. Lässt man das Gewünschte dann einfach im Frieden los, wird es den „Geistigen Gesetzen" entsprechend zu uns her gesogen.

Das Leben in Ekstase

Es ist unmöglich, einen Wunsch nicht zu erfüllen, den wir gesetzesgemäß gewünscht haben.

Jede Wunscherfüllung folgt ganz bestimmten Regeln. Die Erfüllung eines Wunsches gleicht, interessanterweise, dem Vorgang des Fortpflanzungsrituals.

Dabei kommt es zu all den im Teil I und II genannten Merkmalen: Das Gehirn schaltet beide Gehirnhälften synchron, die Hirnwellenfrequenz verschiebt sich, es findet eine bewusste Verbindung statt, es gibt ein klares Ziel, man baut Energie auf und lässt sie dann in völligem Frieden wieder los. So schwingt das angestoßene Pendel wieder zu uns zurück. Dadurch können wir empfangen.

Wenn man einen Wunsch in sich bereits so verwirklicht hat, zieht er die Erfüllung unweigerlich von ganz allein an.

Man könnte es auch „orgastische Wunscherfüllung" nennen, da der Vorgang auffällig dem folgenden Schema folgt:

- Fixieren
- fokussiertes Umkreisen (gedanklich, begehrend)
- freudige „Erregung"
- Hingabe
- Ekstase
- Loslassen
- Entspannung und Frieden

Das gedankliche Umkreisen folgt dem Fixieren und führt uns so in eine Art „Erregung", also in den Wunsch nach der Vereinigung mit dem Objekt der Begierde. Wir geben uns dem Wunsch in einer „habenden" Ekstase hin und lassen danach, von einem Augenblick auf den anderen, vollkommen los. Das Loslassen ist dann vollkommen, wenn wir es voller Frieden schon „in uns" besitzen. Wir sind sozusagen schwanger mit dem Wunsch.

Wer es schon besitzt, muss nicht mehr denken, wie er es bekommen könnte. Er hat es ja schon. Es ist Jetzt! Das Loslassen bedeutet dabei, die Suche aufzugeben und gefunden zu haben.

Das Leben ist leicht. Eine Last ist es nur, wenn wir um etwas kämpfen, anstatt es einfach zu haben. Denn es ist weit anstrengender, ein Suchender zu sein als ein Findender.

Dem verzweifelten Armen ist Geld noch viel wichtiger als dem Reichen. Seien Sie in Ihrem Gemüt wie der Reiche, der schon hat. Denken Sie nicht so viel darüber nach, wie oder woher. Lassen Sie einfach los, wenn Sie es „haben"!

Merke: Je vollständiger man den Wunsch los lässt, weil man das Gewünschte „vorweg-besitzt", desto schneller kommt es zu seiner Erfüllung. Doch je mehr man etwas haben will und es somit „nicht-hat",
desto mehr entfernt es sich.

Wir bekommen nicht,
was wir wollen,
sondern das,
was wir denkend sind.

„*Ich will*" heißt ja in Wirklichkeit nur: „*Ich habe nicht!*" Etwas zu wollen,
bedeutet ja, es noch <u>nicht</u> zu haben.
Es muss mehr als Hoffen sein, mehr als Erwartung, es muss WISSEN
sein. Wir kämpfen nicht, wir haben. Wir suchen nicht, wir sind!

Der Weg der mühelosen Wunscherfüllung führt über freudige Ekstase
und Loslassen.
Man gebe jede Kontrolle auf, denn das Universum reagiert nicht auf
Kontrolle, sondern auf Loslassen.
Mit anderen Worten: Man muss das Pendel freigeben, damit es auch
wieder zurückschwingen kann (geistiges Gesetz Nummer sechs).

*Jeder, der das kosmische **Prinzip** beherrscht*
und im Gewahrsein der Verantwortung anwendet,
beherrscht das Universum und die Elemente.

Vielleicht schreiben Sie sich jetzt gleich drei Dinge auf, die in die
Wirklichkeit kommen sollen, um diese Technik sofort auszuprobieren.
Vielleicht eine positive Veränderung am Arbeitsplatz, in Beziehungen,
Partnerschaft, Kinder, Geld …

Kleine Anwendungen

„Glück ist ein Parfüm,
das Du nicht auf andere sprühen kannst,
ohne selbst ein paar Tropfen abzubekommen."

Ralph Waldo Emerson

Folgende Erläuterungen und Techniken sind dafür bestimmt, schnelle Resultate zu erzielen. Sie enthalten hier kleine praktische Hinweise zur Anwendung, die erstaunliche Wirkung haben.
Ich gebe diese Tipps nur als Beispiel, damit Sie sehen können, wie einfach es sein kann, sich Dinge zu erfüllen.

Werden Sie sich klar, was Sie wirklich wollen und wenden Sie eine der folgenden Techniken an. Diese stellen einfache Ableitungen der 7 Gesetze dar.

Sigille:

Manchmal ist es hilfreich, dem Verstand einfach ein kleines Ritual anzubieten, sozusagen eine „Anstatthandlung", damit er sich nicht quer stellt. Diese virtuelle Handlungen geben dem Verstand die Befriedigung, eine nachvollziehbare Ursache gesetzt zu haben. Sie lassen so die Gewissheit der Erfüllung in unser Unterbewusstsein fließen.
Es gibt dazu unterschiedliche Varianten. Eine ganz besondere ist die einer schriftlichen Wunschbestellung mittels eines Bestellcodes – es handelt sich hier um eine schriftlich verschlüsselte Affirmation.
Diesen Bestellcode nennt man auch eine sogenannte *Sigille*. Das Wort „Sigille" stammt vom Lateinischen „Sigillum", das „Bildchen" oder „Siegel" bedeutet.

Es ist eine sehr alte Technik, die es uns ermöglicht, den zweifelnden Zensor (den Verstand) zu umgehen:
- Schreiben Sie dazu einen Wunsch auf einen Zettel, wie zum Beispiel: *„Ich lebe im vollkommenen Überfluss"*.

- Streichen Sie nun in diesem Satz jeden Buchstaben, der mehr als einmal vorkommt. Setzen Sie danach die übrig gebliebenen Buchstaben aneinander. Am Ende bleibt in diesem Beispiel das Buchstabenkürzel „CHLVKNÜRFU" übrig.
- Dies ist nun ihr Bestellcode für ihren Wunsch. Da der Verstand damit nichts anfangen kann, das Universum und das Unterbewusstsein aber sehr wohl, haben wir jetzt freie Fahrt.
- Nun verbrennen Sie den (Bestell-)Zettel feierlich (wichtig: mit Freude!) oder stecken ihn in ein Buch. Hauptsache außer Reichweite und Kontrolle. So ist der Wunsch perfekt losgelassen.
- Zur Erinnerung: Nur wenn wir das Gewünschte loslassen, kann es zu uns zurückkehren!

Versuchen Sie es! Es ist erstaunlich, wie präzise die Antwort darauf erfolgen kann. Der jeweilige Bestellcode ist auch sehr gut als eine Art *Mantra* geeignet – vorausgesetzt, er ist aussprechbar.

Ein ähnliches Beispiel für eine weitere virtuelle Handlung ist das Ausschreiben eines Schecks an sich selbst. Auf diese Art und Weise startete die Erfolgskarriere des berühmten Komödianten Jim Carrey durch.

„I wrote myself a check for ten million dollars for acting services rendered and dated it Thanksgiving 1995. I put it in my wallet and it deteriorated. And then, just before Thanksgiving 1995, I found out I was going to make ten million dollars for Dumb & Dumber. I put that check in the casket with my father, because it was our dream together."

Jim Carrey (Oprah Winfrey Show, 1997)

Er stellte sich selbst einen Scheck über zehn Millionen Dollar aus, steckte ihn weg und bekam das Geld für einen Film – exakt zum ausgestellten Datum. Mit dieser Scheck-Technik sagt man eigentlich nur aus: „Ich bin reich!" Bei diesem kleinen „Haben-bevor-man-hat-Ritual" ist nur darauf zu achten, dass der gewünschte Betrag auch dem Stand des Erwartungshorizonts entspricht. Besser wir beginnen mit einem Betrag, den wir auch momentan für uns fassen können. Schritt für Schritt.

Was ist Zufall?
Ein nicht richtig bestellter Wunsch!

Einschlaf- und Aufwach-Technik:

Eine Technik, die man auch sehr gut in einen dicht gedrängten Alltag einbauen kann, ist eine Affirmation in der täglichen Aufwachphase oder kurz vor dem Einschlafen. In dieser Phase sind wir für gewöhnlich noch ganz natürlich im Alphazustand oder sogar tiefer.
Wiederholen Sie in diesem Zustand einfach eine Affirmation in der Gegenwartsform, wie zum Beispiel *„Erfolg folgt mir auf Schritt und Tritt"* oder *„Ewige Jugend"* oder auch *„Ich bin Jugend"*. So fängt der Tag garantiert gut an, beziehungsweise Sie haben eine Nacht vor sich, in der die Affirmation für Sie weiter arbeitet. Dies ist sicherlich die beste Art des Einschlafens, da wir das, was uns beschäftigt, ohnehin immer mit in den Schlaf nehmen.

„Wir sollten das Leben verlassen wie ein Bankett:
weder durstig noch betrunken."

Aristoteles

Man kann diese Programmierung weitertreiben mit der **Nickerchentechnik** oder auch **Edisontechnik**:
Der großartige Erfinder Thomas Alpha Edison, der Inbegriff an Erfindergeist und Innovation, nutzte eine besondere Technik, um ungewöhnliche Lösungen und Inspirationen für seine genialen Erfindungen zu finden. Sie ermöglichte es ihm, in die tieferen Frequenzbereiche der Gehirnwellen zu gelangen. Hier wird ebenfalls der Zustand zwischen Schlaf- und Wachbewusstsein (Alphazustand) genutzt. Das grundlegende Problem ist, dass man in diesem Zustand sehr leicht in den Schlaf hinübergleitet. Edison nahm aus diesem Grunde eine Stahlkugel in die Hand und stellte eine Metallschüssel neben seinen Stuhl. Sobald er einschlief und die Hand sich entspannte, fiel die Kugel mit lautem Scheppern in die

Schüssel. Dadurch wachte Edison sofort auf und konnte sich unmittelbar an die Bilder und Lösungen erinnern.

Diese Technik kann man verfeinern, indem man lernt, seine Wünsche in diesem Alphazustand zu affirmieren. Auch dabei umgehen wir den Zensor Verstand und legen so ungefiltert eine Botschaft in unser Unterbewusstsein. Diese arbeitet hier für uns an dem affirmierten Wunsch weiter, während wir etwas ganz anders tun.

Dies ist die wohl effektivste Form der Selbstsuggestion. Nur die nachfolgende 20-Minuten-Technik ist noch effektiver.

20-Minuten-Technik:

Ein Wunsch ist immer dann in perfekter Weise bestellt, wenn wir von Frieden erfüllt sind.

Dies ist eine sehr komprimierte Gedankeninstrument-Technik mit durchschlagendem Ergebnis (nach meiner Erfahrung und Kenntnis).

Egal was es ist, egal was Sie im Moment noch nicht glauben können, und ganz egal ob Sie es schon fühlen oder ob Sie es noch nicht als Teil von sich spüren – mit dieser einfachen Technik können Sie es und zwar in nur 20 Minuten!

Die 20-Minuten-Technik erschafft uns im Handumdrehen eine mächtige Gravitation (Sogkraft) zum Gewünschten, für die wir normalerweise viel Überzeugungsarbeit am Verstand leisten müssten. Wo immer der Verstand bislang „Nein" sagt, nach der 20-Minuten-Technik sagt er „JA"!

Nehmen Sie einen Wunsch, bei dem es Ihnen momentan schwer fällt zu glauben, dass er sich erfüllen könnte. Wenn der Wunsch zum Beispiel lautet „*Ich will schlank sein*", so formulieren Sie jetzt besser „*Ich bin schlank.*"

Wiederholen Sie das: „*Ich bin schlank*", „*Ich bin schlank*", „*Ich bin schlank*"... Ein Steigerung wäre „*schlank, schlank, wundervoll schlank, ich bin schlank!*...*". Je schneller (ohne Hektik) Sie Ihren Wunsch wiederholen, desto weniger kommt der Verstand hinterher und so hängen Sie ihn einfach ab!

Das hört sich vielleicht verrückt an, aber es hat die wundervolle Wirkung, uns so gezielt mit unserem Wunsch zu verbinden, dass wir ganz selbstverständlich das Gewünschte manifestieren. So tun wir im richtigen Augenblick immer das Richtige und sind am richtigen Ort zur richtigen Zeit, ohne im Geringsten darüber nachzudenken oder zweifeln zu können. So erfüllt sich der Wunsch, da wir nicht mehr anders können (!) als von innen heraus zu <u>wissen</u>, dass es so ist und wir es schon haben! Wenn Sie beginnen, diese Technik anzuwenden, ist es normal, dass Sie sich zunächst so fühlen, als würden Sie eine Lüge aussprechen. Aber spätestens nach zehn Minuten sind Sie selbst so überzeugt davon, dass Sie mit Sicherheit grinsend und lachend durch Ihr Wohnzimmer tänzeln. Nur zu, tanzen Sie! Sie wissen ja: Je mehr Sie sich freuen, desto schneller tritt das Gewünschte ein!

Lachen:

„Die Lebensspanne ist dieselbe,
egal ob man sie lachend oder weinend verbringt."

Aus Indien

Können Sie sich vorstellen, wie die eingeweihten Templer durch ihre Hallen lachten und tanzten? Wie sie ihr bisheriges Leben und ihre Schwerter für immer gegen die Erkenntnis der Gesetze des Lebens eintauschten? Und Jesus, auch wenn er traditionell zumeist so ernst und leidend dargestellt wird, wie er Freude durch seine einzigartige Weise verbreitete, während er den Menschen von ihrer wahren Freiheit erzählte? Das Verkünden einer solchen tiefen Botschaft geschieht nicht ohne Freude und Lachen!

Nichts erzeugt so schnell und effektiv Leichtigkeit wie ein Lachen. Wenn wir lachen, dann ist das eine hohe Form der Dankbarkeit (und Dank ist

Haben), die sich einfach wunderschön durch unseren Körper ausdrückt. Hier geht es nicht darum, über einen Witz zu lachen, gemeint ist das Lachen des Wissens; zu lachen, weil man das Geheimnis kennt ... und das ist etwas völlig anderes.

Durch dieses reine Lachen steht man sofort in Resonanz und vollkommener Wechselwirkung mit den 7 Gesetzen des Lebens im **Prinzip**.

Liebe lacht!

Der Körper und das Unterbewusstsein können nicht unterscheiden, ob es sich um ein echtes oder gespieltes Lachen handelt; ob es einen echten Anlass gibt zu lachen oder ob wir es einfach tun, weil wir Freude spüren wollen. Das Unbewusste profitiert von beiden Formen des Lachens, denn beide lassen unser Gehirn in einer Frequenz schwingen, die sich vom Alltags-Betabewusstsein völlig unterscheidet.

Lachen ist die höchste Form der Intelligenz. Lachen ist die Symbolik der unendlichen souveränen Kraft in uns! Wenn Sie keinen Grund zum Lachen finden, so lachen Sie ganz einfach wegen der Freude am Lachen. Warum auch nicht!?

Sagen Sie *„Ich bin Freude!"* und lachen Sie einfach dabei. Versuchen Sie es einmal für ein paar Minuten. Wie geht es Ihnen dabei, wie fühlen Sie sich danach?

Glücklich? Und genau darum geht es im Leben! Glücklichsein ist ein Zeichen dafür, dass wir unsere Bestimmung leben!

Lachen sorgt für das richtige Gefühl und für die richtige Gedankenfrequenz, da die beiden Gehirnhälften dabei vollkommen synchron arbeiten. Wenn wir uns selbst mit Freude erfüllen, richtet sich in uns etwas magnetisch aus und zieht mehr Umstände in unser Leben, die Freude bescheren.

Lachen ist eine gewaltige Macht, ein Werkzeug mit hoher Energiedichte an Gefühl. Und was macht mehr Spaß, als das Lachen selbst?!

Man könnte dieses wirksame Werkzeug des Lachens gezielt nutzen, doch leider beherrschen die meisten von uns diese Kunst nicht mehr. Kinder lachen laut wissenschaftlicher Untersuchung noch rund 400-mal am Tag. Erwachsene dagegen kommen im Schnitt nur noch auf 15 Lacher.[15]

Ein Gemüt,
das sich nicht freuen kann,
ist ein verirrtes Gemüt.

Dabei ist der göttliche Funken in uns ein ewiges Lachen, das keine Traurigkeit kennt.

Die 20-Minuten-Technik in Kombination mit bewusstem Lachen stellt eine wundervolle, erweiterte Methoden dar. Sie ist eine Mischung aus Suggestion und der praktischen Anwendung der 7 ewigen Gesetze.

„Das Lächeln,
das Du aussendest,
kehrt zu Dir zurück."

Aus Indien

Wenn Sie an Geld denken, lächeln Sie. Wenn Sie an Beziehungsprobleme denken, lachen Sie. Was immer Sie an Sorgen quält – lachen Sie! Stellen Sie sich so in Resonanz zu Ihrem göttlichen Kern. Sie sind! Sagen Sie „Ich bin!" und lachen Sie!

Bitte beachten Sie noch eine Regel: Behalten Sie Ihre Wünsche für sich. Erzählen Sie niemanden davon, höchstens jemandem, mit dem Sie so eins sind, dass der Wunsch eher mehr Kraft bekommt. Lassen Sie die Erfüllung der Wünsche selbst für sich sprechen. Und wenn dann jemand wissen will, wie Sie das alles machen, erzählen Sie am besten nicht mehr, als der Gegenüber aufnehmen und verarbeiten kann.

Versuch: Geist beherrscht Materie

*„Glaubt nicht dem Hörensagen und
heiligen Überlieferungen, nicht Vermutungen
oder eingewurzelten Anschauungen,
auch nicht den Worten eines verehrten Meisters;
sondern was ihr selbst gründlich geprüft und
als euch selbst und anderen zum Wohle dienend
erkannt habt, das nehmt an."*

Siddharta Gautama

Wie versprochen, folgt nun ein kleines Experiment zum Thema „Beherrschung der Materie". Können wir tatsächlich feste Materie bewegen, allein durch die Kraft der Gedanken?
Diese Frage kann man mit einem klaren Ja beantworten. Ich selbst habe es mir schon in allen Varianten bewiesen. Zuerst konnte ich es nicht fassen und suchte nach Erklärungen, denn eigentlich rechnete ich nicht wirklich damit, dass es funktionierte. Zu meinem Erstaunen stellte ich weiter fest, dass wir alle latent diese Fähigkeit haben müssen. Bei der folgenden Übung, die außerdem die Konzentration auf einzigartige Weise fördert, werden wir Metall ausschließlich mittels Gedankenkraft zum Rotieren bringen.

Dazu benötigen wir ein Stück Aluminiumfolie, die wir auf eine Kantenlänge von fünf Zentimetern (oder sieben Zentimetern) zuschneiden

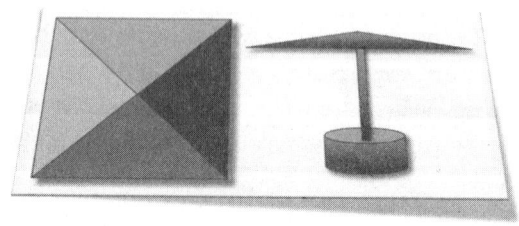

und – wie auf der Abbildung ersichtlich – so falten, dass ein kleines pyramidenförmiges Hütchen entsteht. Nun nehmen wir einen Zahnstocher oder eine größere Stecknadel und stecken diese durch einen Radiergummi, einen Korken oder eine kleine Kerze. Dies soll als Fuß dienen. Die Spitze der Nadel zeigt zur Zimmerdecke.

Nun setzen Sie das Hütchen vorsichtig auf die Nadelspitze. Schließen Sie alle Fenster und Türen, so dass kein Luftzug unser Experiment beeinflussen kann.

Atmen Sie ganz ruhig. Legen Sie nun die Hände in kurzem Abstand links und rechts um den Versuchsaufbau, die Handflächen zueinander gewandt. Konzentrieren Sie sich völlig entspannt (!) darauf, wie nun die Metallfolie in eine bestimmte Richtung zu rotieren beginnt. Bleiben Sie entspannt und denken sie nur daran, die Folie drehen zu lassen.

Mit Sicherheit werden Sie erstaunt feststellen, wie sich die Metallfolie bewegt und dreht. Mit etwas Übung wird sie noch schneller und kontrollierter in Rotation geraten.

Anfangs war ich begeistert, als das Hütchen zwei ganze Umdrehungen machte. Ein anderes Mal hörten wir nach 80 Umdrehungen (ohne Unterbrechung) auf, mitzuzählen. Nach etwa 120 Umdrehungen am Stück wurde es schon fast langweilig. Wir machten Experimente, um zu sehen, ob es auch ohne die Zuhilfenahme der Hände geht. Und auch das funktionierte!

Es gab Tage, da war es leicht, und Tage, da war es etwas schwieriger. Doch ohne Frage – es funktionierte! Dieser Versuch ist außerdem eine sehr wirksame Konzentrationsübung, die sehr viel Spaß macht!

Falls Ihnen die Übung anfangs schwer fällt, kann es hilfreich sein, sie zusammen mit einer anderen Person zu versuchen. Ob der andere daran glaubt oder nicht, spielt dabei keine Rolle. Voraussetzung ist, dass man entspannt ist. Fällt einem die Entspannung schwer, kann man sich in den entsprechenden Zustand mit der beiliegenden CD bringen.

Diese Konzentrationsübung ist vergleichbar mit der Kerzen-Übung aus der zweiten Woche des 7-Wochen-Programms, aber noch intensiver. Sie können die Übung mit der Alufolie auch gegen die Kerzen-Übung austauschen.

Sie sehen nun, wer die Materie beherrscht: Sie! Und niemals mehr andersherum!

Wenn wir schon Materie bewegen können, wie viel eher können wir dann erst Umstände ändern?! Wenn man Materie bewegen kann, so kann man auch ein Schicksal bewegen, denn Materie wiegt mehr!

Stolpersteine

*„Verbreite keine Angst, denn Angst ist das Joch,
eine Fessel, welche die Menschen
an die Dunkelheit bindet."*

Smaragdtafel III

Es gibt mehrere selbstgebaute Sabotage-Programme, welche die Techniken und das freie Leben sehr in ihrer Wirkung beinträchtigen können. Darum ist es wichtig, diese möglichen Blockaden zu umgehen und aufzulösen.

Das größte Hindernis ist – neben dem einseitigen Verstand – die Angst. Egal in welcher Form sie sich ausdrücken mag, ob in Murren, Zweifeln, Wegwünschen oder was auch immer. Denn die Angst ist das genaue Gegenteil des **Prinzips**. Die Angst entfremdet und trennt. Die Angst sagt uns, was wir alles nicht sind und ein Verstand in Angst macht es noch schlimmer, denn er begründet das Ganze auch noch. Das **Prinzip** aber sagt „Ich bin!".

Man sollte tunlichst vermeiden, irgendeine Form von Blockaden jemals zu rechtfertigen oder zu entschuldigen. Erfolg kommt nur durch das Zementieren und Begründen dessen, was man erreichen will.

„Es sprach Jesus so: Werdet Vorübergehende!"

Thomasevangelium, Vers 42

Wer das **Prinzip** in seinem Leben zur Anwendung bringt, wird folgende Stolpersteine auf seinem Weg nicht finden. Findet man aber einen der folgenden Stolpersteine, so ist das ein sicheres Zeichen dafür, dass man noch etwas üben sollte.

Der Zensor –
Saboteur oder Verbündeter?

Erfolgreich zu wünschen bedeutet, dass man seinen Verstand zum Freund macht. Das Ziel ist, dass er nicht sabotierend im Weg steht, sondern kräftig beim Erschaffen mithilft.

Es gibt nun mehrere Möglichkeiten, mit dem Verstand zusammenzuarbeiten. Entweder wir gewinnen ihn auf unsere Seite, indem wir ihn listig mit Logik, Fakten und Tatsachen überzeugen, was er ja sehr gerne hat. Oder aber wir lenken den Verstand ab, indem wir ihn mit etwas „Wichtigem" beschäftigen (zum Beispiel 20-Minuten-Technik, Sigillen-Technik, Nebenbei-Affirmationen). Solange er nur genug beschäftigt ist, haben wir zweifelsfreie Bahn.

Es gibt eine „Umgehungsstraße" ohne lästige Polizeikontrolle durch den Verstand. Auf dieser Umgehungsstraße kann der ausgesandte Wunsch „Vollgas geben" und „Wunschgeschwindigkeit" erlangen.

Der zensierende, prüfende Verstand als Verbündeter ist ein guter Partner, aber nur wenn er eingeweiht ist. Das setzt jedoch ein hohes Maß an Erkenntnis der geistigen Gesetze des **Prinzips** voraus. Die Überlistung des Verstandes ist aber eine weit leichtere Übung und funktioniert (vorerst) ähnlich erfolgreich.

Der Verstand folgt uns. Er ist ein Bediensteter. Er gehört zu unserem Team, aber er ist niemals der Chef.

Zweifel

Zweifel ist wohl der offensichtlichste Saboteur der Möglichkeit, ein erfülltes Leben zu erfahren. Zweifel entsteht nur durch Unwissenheit über die eigene wahre Natur. Wer seinen Wesenskern kennt, kann nicht mehr zweifeln. Er müsste ja an sich SELBST zweifeln und sein wahres Ich verleugnen. Tatsache ist, Zweifel ist ein Ausdruck der Unkenntnis über sich SELBST. Zweifel ist letztlich auch eine Form von Wunsch, der zur Erfüllung drängt. Das Gegenteil von Zweifel ist Verbindung – mit dem göttlichen Wesenskern, mittels der Gesetze des Lebens.

Das Leben gleicht einem Versandhandel: Man bestellt und solange man nicht unbewusst (!) oder bewusst wieder abbestellt, wird auch geliefert. Wenn das Bewusstsein fest in dem wahren Sein verankert ist, ist Zweifel in dieser Form nicht mehr möglich. Es bringt uns das Gewünschte genau so sicher wie eine Bestellung bei einem beliebigen Versand. Die Kunst ist dabei, den automatischen Ablauf nicht zu stören.

Wegwünschen

Wegwünschen ist auch eine der Möglichkeiten, das Glück – meist ganz unbewusst – zu verscheuchen. Das hängt mit unglücklichen Formulierungen zusammen und damit, wenn man einen Wunsch verzweifelt zu erzwingen versucht.

Wünsche erfüllen sich jedoch von ganz allein, wenn man ihnen nichts in den Weg stellt! Wünsche brauchen nur ein ruhiges und entspanntes Milieu: die „Wunschfrequenz". Je tiefer die Gehirnwellenfrequenz bei vollem Bewusstsein während des Wünschens ist, desto reibungsloser und natürlicher kommt die Erfüllung.

Vermeiden Sie also Druck und Anstrengung bei den Übungen. Es soll Ihnen Spaß machen. Seien Sie sich bewusst, dass es Spaß macht, Geld, wundervolle Beziehungen und lange Jugend sich zu eigen zu machen!

Noch etwas: Versuchen Sie nicht, wenn Ihnen etwas auf den Zeh gefallen ist, zu sagen: „*Heute ist ein wundervoller Tag.*" Warten Sie lieber, bis der Schmerz aufhört. Und wenn Sie dann froh sind, dass der Zeh noch dran ist, dann können Sie es sagen! Oder wenn der Chef wieder unbezahlte Überstunden will und man so richtig wütend ist, dann sollte man abkühlen. Dies macht man, indem man seinen „neuen" (bewussten) Verstand einsetzt und sagt: „*Wie gut, dass dies hier nur eine Stufe auf meiner Karriere-Leiter ist, das Beste kommt noch!*"
Also nie im Betafrequenzbereich eine Affirmation losschicken, besser erst in die geübten Bewusstseinsebenen (Alpha, Delta) umschalten.

Wer das **Prinzip**
in seinem Leben zur Entfaltung bringt,
kann nicht mehr ohne Glück sein!

Wir können nicht erwarten, nur einen „magischen" positiven Spruch auszusprechen und alles kommt zu uns. Nein, wir müssen in unserem Geist eine entsprechend positive Resonanz schaffen, welche die Ursache für die magnetische Kraft setzt und den Ausgleich schafft durch des Pendels Schwung.
Alles, was wir aussenden, ist das, was wir sind. Nur dies bringt das Pendel zum Schwingen, was uns mit gleicher Kraft das bringt, was wir ausgesandt haben. Jedes der 7 geistigen Gesetze des **Prinzips** wird gebraucht, um unsere Bestimmung mit absoluter Sicherheit zu erfüllen. Die Bestimmung der Ur-Liebe!

Wenn wir alle Verwirrung und Ablenkung abschütteln, werden wir erkennen, dass wir schon „zu Hause" sind. Der Weg war das Ziel, das Erinnern das Spiel, das Wirken aus der Liebe unsere Bestimmung.

Jetzt, wo Sie wissen, wie wundervoll Sie sind, lieben Sie das Leben, und so wird nach den geistigen Gesetzen das Leben Sie lieben.

Ausblicke

Es steht außer Frage, dass die kosmischen Gesetze und das darauf thronende **Prinzip** universelle Allgemeingültigkeit haben. Jedes Goldene Zeitalter hat seine grundlegenden Gesetze darin. Wieder bricht der neue Tag, ein neues Zeitalter für uns an.

Es ist nur eine Frage der „Zeit", wann wir uns reif genug erachten, das **Prinzip** und die geistigen Gesetze auch umzusetzen. Wir sind dazu unseren Kindern gegenüber genauso verpflichtet wie der ganzen Erde.

Dieses Wissen wurde Ihnen offenbart, damit das Geheimnis gelebt wird.

„Was wir brauchen, sind ein paar verrückte Leute;
seht euch an, wohin uns die Normalen
gebracht haben!"

George Bernhard Shaw

Mein Traum ist es, ein neues Zeitalter erblühen zu sehen, indem wir den Himmel auf die Erde holen, das Unmögliche wagen und es mit Leichtigkeit und Lachen verwirklichen!

Falls Sie beim Lesen dieses Buches erkannt haben, was Sie für ein wundervolles Wesen sind, dann hat sich mein Wunsch erfüllt.

Wir sind ein Lächeln Gottes
und gehen dereinst wieder in sein Lachen ein.

Das ist mein Wunsch für Sie.

Anhang

Dank:

Danke für Deine Unterstützung, wie immer Du Dich nennen magst und in welche Personen Du auch immer Dich gekleidet hast.

Der Autor steht für Vorträge zur Verfügung. Anfragen bitte an den Verlag richten.

Quellenangaben:
Zitate:

Zitate ohne Anführungszeichen sind Zitate des Autors.

Alle Zitate aus den Smaragdtafeln: „Die Smaragdtafeln von Thot dem Atlanter" aus der Ursprache übertragen und interpretiert von Doreal Koha Verlag, Burgrain 2002

Alle Zitate aus dem Kybalion entstammen dem Buch Kybalion, bearbeitet von Andreas Campobasso.

Bildnachweis:
Alle Bilder im Buch stammen vom Autor.

Anmerkungen:
1. Ordo Militiae Christi Templi Hierosolymitani und aus den Kreuzzugschroniken des Albert von Aachen aus dem Jahr 1101

2. Etidorpha Band 1, www.tempelritterorden.de und www.die-templer.de.

3. DVD – Jan van Helsing im Gespräch – Templer Heute. Ein Interview mit Ewald Sauter, dem Großmeister des österreichischen Templerordens. Erschienen im Amadeus-Verlag.

4. Lothar W. Göring: *Apokalypse Seele – das A-Omega-Projekt*;
   Vesta Verlag 1997
   und Helga Hoffmann-Schmidt: „Das Vermächtnis von Atlantis",
   im Selbstverlag.

5. Firewalking, http://www.yogapoint.com/info/research5.htm
   und http://www.pitt.edu/~dwilley/Fire/FireTxt/fire.html

6. Doppelspaltexperiment im Jahre 1802 nach Thomas Young.

7. Materiewellen oder Welle-Teilchen-Dualismus nach
   Louis-Victor de Broglie (Nobelpreisträger von 1924)

8. William Buhlman: *Out of Body: Astralreisen – Das letzte Abenteuer
   der Menschheit*; Ansata Verlag, München 2003.

9. The End of Time: The Next Revolution in Physics,
   Oxford University Press – http://www.platonia.com/papers.html
   und http://www.platonia.com/complex_numbers.pdf

10. Rupert Sheldrake: *Der siebte Sinn der Tiere*;
    Scherz-Verlag, Bern 1999.

11. www.paranormal.de/paramirr/gedanke/wirkung/index.html

12. Nachrichten von der Reuters Nachrichtenagentur vom
    02. 03. 2009, siehe http://video.web.de/watch/6210458/
    Die_Kraft_der_Gedanken

13. Masaru Emoto: *Die Botschaft des Wassers*; Koha-Verlag,
    Burgrain 2002.

14. Aus dem Vorwort zum „Evangelium des vollkommenen
    Lebens"; aus dem aramäischen Urtext übersetzt und
    herausgegeben von G. J. R. Ouseley, deutsche Übersetzung
    von W. Zimmermann, Humata Verlag.

15. Quelle: Ikechukwu Simeon Omenka,
    „Lindauer Studie" von 2008

Literaturliste/Buchempfehlungen

Rupert Sheldrake: „Das schöpferische Universum",
Ullstein-Verlag- ISBN-13: 978-3548353593

Masaru Emoto: „Die Botschaft des Wassers", Koha-Verlag,
ISBN-13: 978-3867280730

William Buhlman:"Out of Body", ANSATA-Verlag,
ISBN: 978-3-7787-7236-2

Andreas Campobasso: „Stopp – Die Umkehr des Alterungsprozesses",
ARKANA, Taschenbuch , 352 Seiten, ISBN: 978-3442218585

Das Kybalion bearbeitet von Andreas Campobasso

Parmahansa Yogananda: „Autobiographie eines Yogis" herausgegeben
von Self Realation Ship Californien

Glossar

„Antiprinzip":
Vom Autor geprägtes Wort, welches das augenscheinliche polare Gegenteil des **Prinzips** darstellt. Inhaltlich steht es für Chaos – geistlose Unordnung, Dualität, Entropie. Es tritt als Pseudo-Prinzip auf, d. h. es hat nur den Anschein von Kraft, führt aber immer weg von Ordnung, Frieden, Freiheit und der Liebe.

Buch des Lebens:
Auch Akasha-Chronik genannt. Die Akasha ist die Aufzeichnung aller Information und allen Wissens. Hier stehen „Zukunft", „Vergangenheit" und „Gegenwart". Durch ein bewusstes SEIN ist es möglich darin zu lesen und hineinzuschreiben, um sein „Schicksal" zu ändern und bewusst in eine gelebte Bestimmung zu verwandeln.

Bundeslade:
(hebräisch: תִּירְבָּה וֹּרָא – Aron habrit)
Die Bundeslade gilt als das Heiligtum und Kultgegenstand des Volkes Israel: eine goldüberzogene Kiste aus Akazienholz, 137,5 cm Länge und je 85,5 cm Breite und Höhe. Darauf thronen zwei einander zugewandt goldene Cherubine („Engel"). Nach den Überlieferungen der Templer enthielt die Bundeslade technische Geräte und bestimmte Artefakte aus einem angeblich bis heute unbekannten Material. Die Bundeslade soll sich der Legende nach heute in einer Kirche in Aksum/Äthiopien befinden.

Dualität:
Dualität ist die Illusion der Trennung der Dinge. Nach den Schriften ist die Kraft der Dualität die Zeit. Die Zeit hält die Dinge getrennt und schafft so ein Gegenüber. Das 7. geistige Gesetz, das Gesetz der Polarität, löst den Schein auf, da es unter anderem die Wahrheit lehrt, dass alles nur eine Abstufung einer Sache ist und Gegensätze eigentlich ein und dasselbe sind.

Entropie:
Der zweite Hauptsatz der Thermodynamik besagt, dass jedes organisierte System im Laufe der Zeit einen Zustand des vermehrten Verfalls, der Auflösung und des Chaos (Griechisch für geistlose/bewusstlose Unordnung) annimmt. Diese wachsende Unordnung nennt man Entropie. Das heißt, dass sobald die strukturierenden Kräfte wie Information, Intelligenz und Energie aufhören, verbraucht werden oder erlöschen, kommt es zu einem Abbau der Ordnung und somit zu Chaos, Anstrengung, Unordnung, Krankheit, leerem Geldbeutel, Ärger und Schweiß. Genauso wie die Dualität ist die Entropie eine Ursache für Leid.

Gedankeninstrument:
Die deutsche Übersetzung für das Sanskritwort „*Mantra*". Ein Mantra ist eine sich wiederholende Affirmation, die normalerweise in einem bestimmten Bewusstseinszustand rezitiert wird.

Heiliger Gral:
Es gilt zwischen dem Heiligen Gral und einem Kelch, der als solches verehrt wird, zu unterscheiden. Es ist in diesem Buch nicht die Rede vom Heiligen Gral der Artussage oder der Blutlinie Jesu. Es geht in diesem Buch um den Gral des heiligen Wissens aus den Sarkophagen und der Bundeslade.

Kybalion:
Das Kybalion wurde 1908 von den sogenannten „Drei Eingeweihten" veröffentlicht und stellt eine Ableitung der Smaragdtafeln und anderer hermetischen Schriften dar.

Morphogenetische Felder:
Laut dem Forscher Rubert Sheldrake ist alles Erscheinende von einem elektromagnetischen Informationsfeld umgeben, das bestimmt, wie das Jeweilige beschaffen ist. Es ist ein unsichtbarer Bauplan, der bestimmt, ob zum Beispiel eine (Stamm-)Zelle zum Auge oder zum Fuß wird. Diese Felder sind eine wissenschaftliche Tatsache und durch Versuche belegt.

Nag Hammadi:
Eine Gruppe von Bauern stieß 1945 durch Zufall unweit des Dorfes Nag Hammadi in Oberägypten auf eine alte Bibliothek an Textsammlungen und Geheimwissen, die 1 600 Jahre zuvor in einem Tonkrug versteckt worden war. Der 1 200 Seiten umfassenden Korpus wird heute im koptischen Museum in Kairo aufbewahrt. Neben hermetischen Schriften wie der Tabula Smaragdina fand man dort auch das verschollene Thomasevangelium.

Steinsarkophage:
Die entdecken Sarkophage sollen Schriften enthalten haben, zum Teil aus vorzeitlicher und atlantischer Herkunft. Diese sollen schon in der Bibliothek von Alexandrien, die komplett durch einen Brand zerstört wurde, gehütete Werke gewesen sein.

Das verborgene Wissen steckte auch in den geheimen Schriften namens „Salomons Weisheit" (auch aus der Bundeslade).[3]

Oder auch in den Schriften, die dem Tempelritter Johannes von Vézelay (Johannes von Jerusalem) zugeschrieben werden. (Tatsächlich hat er diese Schriften in den Sarkophagen nur gefunden, er hat sie nicht selbst geschrieben).

Die 19 Steinsarkophage sind im Jahre 1119 von Jerusalem nach Frankreich zum Mont Chauve bei Nizza gebracht worden. Dort lagern sie heute noch in einer Grotte, über der eine Pyramide errichtet wurde.

Thomasevangelium:
Das Thomasevangelium zählt zu den wichtigsten Schriften der ersten Christen. Es war bis 1945 im Wüstensand Ägyptens bei Nag Hammadi verschollen. Es dürfte somit das älteste und völlig unbearbeitete/unzensierte Evangelium sein.

Unschärferelation nach Heisenberg:
Diese wurde 1927 von Werner Heisenberg im Rahmen der Quantenmechanik formuliert. Die Heisenbergsche Unschärferelation oder Unbestimmtheitsrelation ist die Aussage der Quantenphysik, dass zwei Messgrößen eines Teilchens nicht immer gleichzeitig beliebig genau

bestimmbar sind. Diese Überlagerung von Teilchen-Wellen führt dazu, dass der Impuls nicht mehr genau bekannt (also unscharf) ist. Diese Eigenschaft wird als Superposition oder Überlagerungsmechanik bezeichnet.

Synchrowellen©*:*

Polyaurale Synchrowellen© sind das Resultat von mehreren leicht unterschiedlichen Tönen, die jeweils in einem Ohr gehört und anschließend wieder vom Gehirn kombiniert werden. Dies ergibt eine mehrphasige Schwebung und somit pulsierende polyaurale Tonwellen (Synchrowellen)©, welche die Gehirnhemisphären synchronisieren. Diese Technik kann zur Abstimmung der Gehirnwellenmuster verwendet werden, um einen meditativen Zustand im Alpha-, Theta- und Delta-EEG-Wellenbereich dauerhaft zu verinnerlichen.

Der ursprüngliche Erfinder war Heinrich Wilhelm Dove (Hemisphären-Synchronisation 1803–1879), ein in Liegnitz geborener preußischer Physiker und Meteorologe. 1839 entdeckte er die Technik der „binauralen beats", die später von Robert Monroe für Bewusstseinsforschungen weiterentwickelt wurde.

Die in diesem Buch vorgestellte und benutzte Form stellt eine Weiterentwicklung des Autors dar, die „Synchrowellen© durch polyaurale beats©" genannt wird.

Durch diese neue Technik können bessere Ergebnisse erzielt werden als bei herkömmlicher binauraler Technik, gleichzeitig wird die einfache Handhabung von isochronen Tönen gewährleistet. Dadurch ist kein kostspieliger, völlig geschlossener Kopfhörer nötig. Sehr gute Ergebnisse sind sogar bei der Benutzung normaler Lautsprecher möglich.

Polyaurale Synchrowellen© stellen somit einen weiteren Entwicklungsschritt zur Bewusstseinserweiterung mittels moderner Technik dar.

Benutzung der CD:
Die CD bitte nicht beim Autofahren oder ähnlichen Tätigkeiten hören
und nur im beschriebenen Rahmen. Bei einer Erkrankung an Epilepsie
bitte mit dem Arzt Rücksprache halten.

Inhalt der beiliegenden CD:
Track 1 (25:38 min)
Track 2 (25:30 min)
Track 3 (7:07 min) *Principia* – geschrieben und gespielt
von Andreas Campobasso

Weitere Bücher des Autors:

Neueste Forschungsergebnisse zeigen: Den Alterungsprozess kann man stoppen!

Wir alle bewundern die Menschen, die mehrere Jahre oder sogar ein ganzes Jahrzehnt jünger aussehen als sie tatsächlich sind.
Was ist ihr Geheimnis der ewigen Jugend?
In diesem Buch erfahren Sie die Ergebnisse mehrjähriger Forschungs-arbeit, wie der Alterungsprozess tatsächlich gestoppt werden kann.
Campobasso hat viele motivierende Übungen und Rezepte parat, „Verjüngungskuren", die sich leicht im Alltag umsetzen lassen und eine verblüffende Wirkung zeigen.

Taschenbuch Goldmann ARKANA, 352 Seiten
ISBN: 978-3442218585